LES DERNIERS JOURS

DE

PAUL VERLAINE

VERLAINE A L'HOPITAL.
Dessin de F.-A. Cazals.
(Musée du Luxembourg.)

F.-A. CAZALS — GUSTAVE LE ROUGE

Les derniers jours

de

aul Verlaine

FAC

F.-A. CAZALS et GUSTAVE LE ROUGE

—

Les derniers Jours
de
Paul Verlaine

NOMBREUX DOCUMENTS ET DESSINS

AVEC UNE PRÉFACE DE

MAURICE BARRÈS

de l'Académie française

Nouvelle édition revue et complétée.

PARIS

MERCVRE DE FRANCE

XXVI, RVE DE CONDÉ, XXVI

—

MCMXXIII

Mes chers Confrères,

Personne n'est mieux placé que vous pour nous raconter les derniers temps de Verlaine. L'un et l'autre, vous avez vécu familièrement près de lui. Eh quoi ! mon cher Cazals, quinze années déjà depuis que le curé de Saint-Étienne du Mont a dit sur le poète de *Sagesse* les dernières prières ! Un jour, vous vous êtes aperçus que les moments que vous aviez passés auprès de cet homme exceptionnel étaient, au résumé, les plus intéressants de votre existence, ceux sur lesquels vous êtes appelés à revenir le plus souvent pour contenter la curiosité de vos camarades. Vous avez décidé de fixer une bonne fois vos souvenirs. De là ce livre où, sans vaines précautions, vous venez de mettre, bout à bout, ce qui demeurait dans votre mémoire : des mots, des scènes, mille traits, mille images vivantes.

J'ai assez connu la vieillesse de Verlaine pour confirmer votre récit, dont l'exactitude matériellene saurait être surpassée. Voilà, dans sa tristesse et dans sa laideur, le détail des jours que notre Maître traînait, des terrasses où règne la Déesse verte, jusqu'au lit d'hôpital où, coiffé d'un bonnet de coton, il retrouvait le bon sens et l'inspiration. Comme vous l'aimiez tel qu'il était, vous n'avez pas pensé à rien élaguer. Vous n'avez rien chargé, vous n'avez rien affadi non plus. C'est affreux et c'est exact. Le voilà bien, non pas

> Tel qu'en lui-même enfin l'éternité le change,

mais tel que la vie l'avait roulé, cet enfant de poésie.

Il est possible que l'on vous reproche de n'avoir pas reculé devant votre dessein et de nous avoir montré le vieillard sacré dans une lumière bien crue.

Pour ma part, je vous comprends; je comprends
l'effroyable obligation que vous vous êtes imposée.
Deux artistes ne devaient pas avoir de cesse qu'ils
n'eussent placé sous les yeux du public le contraste
inouï auquel ils avaient assisté, d'un grand poète
du cœur qui vient de lui-même se mettre au rang
des êtres insensibles. Abdication effroyable! D'in-
nombrables réflexions de l'ordre moral se précipi-
taient à votre esprit; vous les avez écartées, dési-
reux que vous étiez de n'affaiblir vos peintures par
aucun commentaire. Vous avez tenu essentielle-
ment à laisser la parole aux faits. C'eût été d'un art
mesquin, à votre avis, de rien interposer entre ces
nudités et le public. Disciples impavides et qui ne
s'épouvantent pas des plus mauvais songes, vous
avez jeté par la fenêtre le manteau de Noé.

Disons-le en passant, on aimerait d'avoir un
livre aussi vrai que le vôtre sur les dernières années
d'Alfred de Musset, qui ne furent pas très différentes
de celles de Verlaine. Le président Grévy était tout
désigné pour l'écrire et pour se faire auprès des Lettres ces mêmes titres que vous êtes en train d'ac-

quérir, mes chers confrères. On regrettera éternellement qu'il en ait été empêché par des ambitions
moins heureuses.

D'excellents esprits vont être tentés de tirer de la
lecture de votre ouvrage des conclusions désespé-
rantes. Que valent nos émotions les plus délicates
et les plus nobles, celles que nous recevons de la
lecture des Verlaine et des Musset, que valent nos
enthousiasmes, s'ils nous viennent de sources
malades? Et ces « Maudits » eux-mêmes, quelles
plaintes, quelles récriminations ne peuvent-ils pas
exhaler? Je crois les entendre qui disent : « Eh quoi !
la Fantaisie et l'Espérance, ces deux sœurs étincelantes, qui nous parlaient des choses divines et dont
nous attendions tout notre bonheur, ce sont elles
qui nous ont menés aux sentiers du désespoir !»

De quelque part qu'on le regarde, un accident tel
que la vie de Verlaine est fait pour terrifier. Il nous
vaut, tous les jours, les plus creuses déclamations.
Les uns accusent la mauvaise conduite du poète,
les autres font le procès de la société. La vérité est
que Verlaine fut la victime de son génie lui-même.

Il avait de naissance une sorte de sensibilité qui nous a enchantés, mais qui sécrétait de la mort. La pomme d'or que la fée avait mise dans le berceau de ce petit garçon était empoisonnée.

Que la vie est cruelle! Qu'une telle biographie étreint le cœur! Vous avez eu grande raison, mes chers confrères, de n'employer à l'égard du poète maudit que vos puissances de sympathie; vous êtes dans le vrai en lui donnant votre affection et quasi votre respect, nonobstant ses mortelles faiblesses. Il est des êtres singuliers chez qui les éléments de mort attristent, mais laissent intactes les parts de noblesse. On voit leurs défauts; qui donc oserait, fût-ce en pensée, y porter la main? Qui donc, sous prétexte d'améliorer ces messagers de l'Esprit, voudrait courir le risque de les retoucher, d'intervenir dans leur destin, bref, de les dénaturer? Respectons un mystère dans le cas de Verlaine. Pourquoi cette nature divine fut-elle gâtée, parfois avilie? On s'enfonce dans ce problème... Ah! que ne puis-je étendre sur la vie de ce grand poète du remords le même regard païen dont j'embrasse, depuis la table où je vous écris, les charmants pins de Provence qui portent dans la lumière, avec innocence, leurs branches mortes mêlées à leurs branches vives !

MAURICE BARRÈS.

CHAPITRE PREMIER

LA MORT DE PAUL VERLAINE

Paul Verlaine paraissait avoir enfin conquis le calme et la sérénité. Le « vent mauvais » dont il avait été si souvent le jouet s'était apaisé. La maladie elle-même lui laissait pour un temps quelque répit. De récents travaux, mieux ou moins mal payés que de coutume, écartaient de trop immédiats soucis matériels. Les intimes du poète, qui venaient de fêter sa cinquantaine, avaient l'espoir qu'une période de travail fécond, de bonheur relatif allait s'ouvrir pour lui.

— Je ne veux plus être, disait-il en souriant, qu'un simple petit bourgeois de la rue Mouffetard.

Et, de fait Verlaine, depuis quelques mois, menait une existence plutôt paisible et rangée ; il avait presque complètement renoncé au café ; l'absinthe, cette sirène aux yeux verts qui eut sur sa destinée une si maligne influence, ne le tentait plus ; quelque amer-picon, pris en catimini, sur le comptoir, d'un mastroquet voisin, était, au dehors, la seule douceur qu'il se permît.

Depuis moins d'un an, il habitait, au n° 39 de la rue Descartes, **un petit logement de deux pièces et d'une cuisine**, en compagnie d'Eugénie Krantz. Cette maîtresse intermittente du Pauvre Lélian semblait l'avoir, cette fois, définitivement fixé.

En ce modeste logis, la bibliothèque faisait pendant à la machine à coudre d'Eugénie, confectionneuse, à ses moments perdus, pour le compte des magasins de la *Belle Jardinière*.

On y accédait par un escalier angustueux et roide. A droite, se trouvait la salle à manger, pauvrement meublée et donnant sur la cour ; en face la cuisine, et, à gauche, la chambre à coucher dont les deux fenêtres s'ouvraient sur la rue. Entre ces fenêtres ornées de la cage aux serins et des pots de fleurs chers aux héroïnes de Murger et de Gavarni, se trouvait une commode-toilette en acajou plaqué. Un canapé de velours rouge un peu fané occupait l'un des côtés de cette pièce au milieu de laquelle la table de travail du poète, couverte de paperasses méthodiquement rangées, supportait une petite lampe à pétrole dont le réservoir figurait un hibou, le hibou de Minerve.

Là, Verlaine menait, enfin ! une vie presque heureuse et tout au moins tranquille : la vie, nous dit-il une fois, d'un chanoine Docre repenti et recueilli par Jenny l'Ouvrière.

Sur la cheminée, parmi des photographies, des oranges avaient été disposées à intervalles égaux, à l'imitation d'une vieille coutume de la campagne ardennaise, par le maître, dont ces belles taches de couleur éclatante réjouissaient le regard. Une autre distraction non moins puérile l'occupa de longues heures : Eugénie avait un jour fait emplette chez le marchand de couleurs d'un flacon d'or à dorer.

— Paul, lui avait-elle dit en rentrant, ce sera pour dorer notre cage.

Afin de complaire à son amie, Verlaine, très amusé au fond, se mit aussitôt en besogne, et il dora non seulement la cage des serins, mais toute sorte d'objets disparates, coquetiers, vases à fleurs, tabourets et jusqu'au porte-plume dont il se servait.

— Aux oreilles près, confia-t-il un jour à un ami qui l'avait surpris dans cette occupation, je suis comme le roi Midas, je change tout en or !

Ces joies enfantines, le travail, la lecture, la conversation des rares amis qui le venaient voir occupaient sans ennui ses journées, quand, brusquement, ses douleurs se réveillèrent. Au commencement de décembre sa jambe malade enfla de façon inquiétante. Vers la Noël, des maux d'estomac, un rhume négligé, l'obligèrent à garder la chambre; pas complètement toutefois. Il n'avait pu, en effet, refuser une invitation à déjeuner qu'était venu lui faire, de la part du comte Robert de Montesquiou-Fezensac, le secrétaire de ce dernier, M. Gabriel, de Itury, et il s'était laissé conduire en voiture jusque chez Foyot (1).

Le docteur Parisot, qui donnait alors ses soins à l'illustre malade, ordonna un régime sévère : Verlaine dut se coucher de bonne heure; l'alcool et le vin furent rigoureusement bannis de sa table où, seul, fut toléré le lait coupé d'eau de Vichy. Mais en dépit de ce régime trop tardivement adopté, la santé de Verlaine déclina rapidement.

Le dimanche 5 janvier 1896, il eut un peu de

(1) En ce même mois de décembre, Verlaine (lui-même nous l'affirma) reçut la visite du poète Saint-Georges de Bouhélier, très jeune alors et déjà chef d'une école littéraire nouvelle, le *Naturisme*. Ils déjeunèrent ensemble à la *Côte d'Or*, un restaurant marchand de vin qui faisait l'angle de la rue de Vaugirard et de la rue Corneille, près de l'Odéon. C'est dans une des salles de ce restaurant que se réunissaient alors, certains soirs, Jean Moréas et ses amis, Ernest Raynaud, Maurice Du Plessys, Raymond de la Tailhède, Paul Souday, Charles Maurras, Gaston Dubreuilh, Henri Quittard, Lionel des Rieux, etc., etc...

délire, et la fièvre ne le quitta que dans le milieu de l'après-midi. Il reçut à ce moment la visite de MM. Jules Heyne et Francis Norgelet, rédacteurs de la *Revue Rouge*, qui lui apportaient à corriger les épreuves d'un poème écrit quelques jours auparavant et qu'il avait intitulé — par quel étrange pressentiment? — *Mort* (1). Verlaine parut péniblement affecté par la relecture de son poème. Il

(1) Cette pièce est assurément la dernière qu'ait écrite Verlaine.

MORT

Les Armes ont tu leurs ordres en attendant
De vibrer à nouveau dans des mains admirables
Ou scélérates, et, tristes, le bras pendant,
Nous allons mal rêveurs dans le vague des Fables.

Les Armes ont tu leurs ordres qu'on attendait
Même chez les rêveurs mensongers que nous sommes
Honteux de notre bras qui pendait et tardait,
Et nous allons désappointés, parmi les hommes.

Armes, vibrez ! mains admirables, prenez-les,
Mains scélérates à défaut des admirables !
Prenez-les donc et faites signe aux En-allés
Dans les fables plus incertaines que les sables.

Tirez du rêve notre exode, voulez-vous?
Nous mourons d'être aussi languides, presqu'infâmes !
Armes, parlez ! Vos ordres vont être pour nous
La vie enfin fleurie au bout, s'il faut des lames.

La mort que nous aimons, que nous eûmes toujours
Pour but de ce chemin où prospèrent la ronce
Et l'ortie, ô la mort sans plus ces émois lourds,
Délicieuse et dont la victoire est l'annonce !

demeura longtemps silencieux. Les deux jeunes écrivains, qui professaient pour le Pauvre Lélian une admiration et un dévouement sans bornes, essayèrent vainement de dissiper cette funèbre mélancolie.

Ils se retirèrent péniblement impressionnés. Dans la rue, ils rencontrèrent un autre ami de Verlaine, le jeune Albert Cornuty. Précisément, celui-ci était très inquiet au sujet du « Maître », dont il n'avait pas eu de nouvelles depuis plusieurs jours. Mis au courant, il se hasarda d'affronter la revêche Eugénie, qui, disons-le, se montrait peu accueillante pour les familiers du poète. Elle les accusait de servir d'intermédiaires entre Esther-Philomène, sa rivale (1), et son « Paul » qu'elle accablait à ce sujet de reproches amers. De ce fait, aucun des meilleurs amis de Verlaine n'avait été informé de la gravité de son état.

La présence de Cornuty fut d'autant mieux accueillie par Verlaine que celui-ci, après le départ de ses visiteurs, avait déploré avec colère l'isolement où il était tenu depuis plusieurs semaines par sa cupide maîtresse.

Cornuty fut donc prié de rester et resta jusqu'à une heure avancée de la soirée. Il revint le lende-

----

(1) Voir le chapitre : *Les dernières maîtresses.*

main, de très bon matin, pour continuer à remplir
ses fonctions de garde-malade.

Le mardi, Verlaine se trouva mieux. Vers dix
heures, après avoir lu ses journaux dans son lit, il
put se lever. Pendant qu'Eugénie Krantz et Zélie,
la vieille femme de ménage, l'aidaient à s'habiller,
Cornuty survint. Verlaine le pria d'aller inviter à
déjeuner de sa part un de leurs amis communs,
Gustave Le Rouge, qui habitait à peu de distance
de là, boulevard Arago.

Celui-ci s'empressa d'accourir avec sa jeune femme.

Le repas fut très cordial et même gai; Verlaine
mangea un peu, et but quelques gorgées d'un vin
blanc léger, coupé d'eau de Vichy.

A ses hôtes, il raconta qu'il avait reçu, la semaine
précédente, d'un américain de San-Francisco, un
coupe-papier de lapis-lazuli « grand comme un
sabre ». Ce cadeau était accompagné d'une lettre des
plus flatteuses, et d'une grosse bouteille clissée remplie d'un merveilleux rhum vierge.

— Malheureusement, conclut le poète avec un
sourire à la fois malicieux et mélancolique, il y a
longtemps, déjà, que je ne puis plus boire de rhum...
et le gigantesque coupe-papier m'est arrivé brisé
en plusieurs morceaux !... Ne trouvez-vous pas,

ajouta-t-il, que mon admirateur yankee eût été tout aussi bien inspiré en m'envoyant, à moi qui suis podagre, une bicyclette? Il m'aurait été impossible de monter dessus, mais j'aurais toujours pu la vendre...

Et il montra piteusement les débris du coupe-papier.

La conversation dévia. On servit le dessert dans de vieilles assiettes à personnages. Verlaine prit un plaisir enfantin à découvrir des ressemblances entre quelques-uns de ses intimes et les bonshommes dessinés sur les assiettes.

— Celui-ci, disait-il, c'est Moréas... Celui-là, c'est évidemment Cazals... Et cet autre, est-ce assez la tête de Paterne Berrichon...?

— Et celui-ci? demanda quelqu'un en montrant une assiette où était représenté un horloger dans sa boutique.

— C'est mon fils, mon Georges, que je ne verrai peut-être jamais !

Et une ombre de mélancolie se mêla tout à coup à sa gaîté.

— Votre fils est donc horloger?

— Oui, il l'a été... comme les Naundorff ! Toutes les grandes familles n'ont-elles pas leur Naundorff? Georges, c'est mon Naundorff à moi.

Verlaine prononça ces derniers mots avec attendrissement. Séparé de son fils à la suite de son
divorce, il l'avait quitté tout enfant, il en parlait souvent et son plus cher désir aurait été de le revoir (1).

— Je lui laisserai tout de même un nom qui en
vaut bien un autre, dit-il à ses convives.

Il retomba dans sa rêverie. A la fin du repas, il se
sentit très fatigué et il dut se recoucher. Quelqu'un
reprit à voix haute la lecture des journaux un moment
délaissée. Verlaine s'intéressa un instant à la fameuse
lettre écrite par le Kaiser Wilhelm au président
Krüger; puis, vaincu par la fatigue, il s'endormit.
Les amis présents demeurèrent près du malade jusqu'au soir et, avant de se retirer, ils décidèrent
Eugénie à prévenir F.-A. Cazals que Verlaine avait

(1) Par l'effet d'une mystérieuse attraction Georges Verlaine, à
ce moment même, désirait ardemment voir son père. D'une lettre
écrite par Mme Delporte et publiée dans le *Rappel* du 26 janvier 1896,
nous extrayons le passage suivant :

« ...J'ai été passer une semaine près de lui [Georges Verlaine] et je
l'ai quitté le 24 décembre parfaitement bien portant. Les médecins
m'avaient promis de lui donner un congé de convalescence et je l'attendais pour le jour de l'an. Malheureusement on ne l'a laissé sortir
que le 13 janvier : c'est donc dans ce triste hôpital [à Lille] que Georges apprit la mort de son père.

« Il en fut très affligé, car depuis plusieurs mois il était hanté du désir de voir son père qu'il ne connaissait pas. Notre séjour en Algérie
avait pendant longtemps rendu ce désir impossible à réaliser. Aussitôt en Belgique, Georges écrivit à Paul Verlaine deux lettres et en
reçut des réponses affectueuses. Il comptait sur son congé du jour
de l'an pour aller le voir. C'est donc bien à tort que l'on a dit que
je l'ai systématiquement éloigné de lui... »

demandé avec insistance dans le courant de la journée.

Les mêmes amis revinrent le lendemain et se mirent à la disposition d'Eugénie désemparée, affolée, ne sachant plus où donner de la tête. On alla quérir le docteur Parisot qui, cette fois, jugea la situation désespérée. Le fatal dénouement n'était plus à son avis qu'une question de jours.

Peu d'instants après le départ du docteur, Cazals se présentait accompagné d'un autre ami de Verlaine, Edouard Jacquemin. A peine entrés, tous deux furent frappés de la pâleur du malade. Eugénie leur dit à voix basse : Il est perdu !

Verlaine avait-il, de son lit, entendu ou deviné le sens de cette phrase à peine chuchotée? D'une voix affaiblie, avec, sur les lèvres, un sourire contraint, il murmura : Ne chaussez pas encore les souliers du mort... Cette réflexion, qui dénotait chez Verlaine une réelle conscience de la gravité de son état, affligea les nouveaux venus. Ils s'empressèrent autour du malade, en s'efforçant de cacher leur poignante inquiétude. L'un d'eux risqua même un gros calembour qui eut le don de dérider un instant le masque douloureux du Pauvre Lélian.

A ce moment, déjà, la respiration était oppressée et sifflante. On dut, sur sa demande, et à plusieurs reprises, retourner le malade dans son lit pour lui procurer un peu de soulagement. On résolut d'avertir immédiatement Edmond Lepelletier, Maurice Barrès, François Coppée, Gabriel Vicaire, Jean Moréas, Laurent Tailhade et l'on alla chercher le docteur Chauffard qui vint aussitôt.

Il s'entretint quelques minutes avec son cher malade qui ne lui répondait plus que péniblement et jugea d'un coup d'œil que tout serait inutile pour le sauver. Il quitta Verlaine très ému, en lui promettant, pour le rassurer, qu'il reviendrait bientôt. Il ordonna cependant des sinapismes pour essayer de réveiller cet organisme abattu.

En reconduisant le docteur Chauffard, Eugénie lui avoua que, la nuit précédente, Verlaine ayant voulu se lever était tombé de son lit ; trop faible pour l'aider à se recoucher, elle n'avait osé réveiller ses voisins de palier ; ce ne fut qu'au matin, avec le secours de Zélie, que Verlaine put être replacé sur son lit. Le moribond avait donc passé la nuit, étendu sur le sol et protégé tant bien que mal contre le froid par un édredon et des couvertures. Le docteur Chauffard se retira indigné d'une pareille négligence en un tel moment. Cependant ses prescriptions furent aussitôt suivies ; mais comme on devait s'y attendre, la révulsion espérée ne se produisit pas.

Le sinapisme n'eut d'autre résultat que de faire horriblement souffrir le patient : « Çà me mord ! » dit-il à Gaston Stiegler, rédacteur de l'*Écho de Paris*, qu'Eugénie venait d'introduire près de Verlaine. Et il avait un geste douloureux comme pour arracher de sa poitrine nue l'ardente brûlure qui le dévorait.

Le lit de Verlaine, remarque M. Stiegler, était couvert de journaux que, jusqu'au dernier moment, le poète froissa dans ses mains, « qu'il palpa, qu'il mania avec un reste de passion pour le papier et pour l'écriture ». Une heure avant, il avait rejeté avec dégoût un numéro du *Fin de Siècle*, dont les illustrations grossièrement obscènes blessaient, même à ce moment suprême, son goût délicat : « Enlevez-moi tous ces culs-là ! » s'était-il écrié !

Stiegler note également que Verlaine est torturé par le désir de serrer la main de Lepelletier, de Coppée et de Mallarmé... Et Verlaine répète [d'après le journaliste] : « Oui Coppée !... Oui Lepelletier ! (1) » Peu de temps après cette visite Verlaine entrait dans le coma... Et quand, vers huit heures, ses fidèles revinrent au logis de la rue Descartes, un

(1) C'est sans doute cet entretien qui a donné lieu à la légende qui veut qu'à son lit de mort Verlaine ait appelé : François !... François... » Nous ne croyons pas, et M. Francis Vielé Griffin est de notre avis, que ces paroles aient été prononcées. (Voir, à l'*Appendice*, l'article de M. Francis Vielé-Griffin.)

prêtre, appelé trop tard, lui aussi, en sortait... Le
grand poète venait d'expirer !

La nouvelle se répandit promptement. Les amis
et les admirateurs accoururent. Maurice Barrès
fut le premier qui vint. Après avoir contemplé
quelques instants le calme visage enfin reposé du
Maître qu'il avait aimé, il jeta autour de lui un
regard mélancolique et lointain et s'approcha de
la table où quelques-uns des livres de Verlaine
étaient épars. Il choisit un de ces volumes (un
Sainte-Beuve) qu'Eugénie Krantz lui permit d'emporter à titre de souvenir.

Entre temps arrivaient successivement Catulle
Mendès, Vanier et le comte de Montesquiou accompagné de M. de Yturi, son secrétaire. Ayant rendu
un dernier hommage à Paul Verlaine, ils passèrent
dans la salle à manger pour y tenir conseil laissant
M. de Yturi dans la chambre mortuaire. C'est alors
que, sans penser à mal sans doute, celui-ci prit
l'une des oranges qui se trouvaient sur la cheminée,
l'éplucha nonchalamment, la mangea et en jeta les
pelures sous le lit. Mais il dut céder la place aux
trois femmes qui venaient procéder à la funèbre
toilette...

Cependant on arrêtait le texte de la lettre de
faire-part que Vanier se chargea d'expédier au

monde littéraire. Georges Verlaine, alors en traitement à l'hôpital militaire de Lille, fut, nous voulons croire *involontairement*, oublié (1). La date des obsèques fut fixée au vendredi 10 janvier, à *deux heures* de l'après-midi !

La funèbre nouvelle éclatait comme un coup de foudre. Le prestige qu'exerçait sur la jeunesse le « Prince des Poètes » se manifestait. Il y avait une heure à peine que ses yeux s'étaient clos à jamais et déjà tout ce qui, à Paris, dans le monde des lettres et des arts, représente la noblesse et l'indépendance des idées accourait vers l'humble logis de la rue Descartes.

Gabriel Vicaire et Laurent Tailhade qu'une amie, Mme Marie C..., était allée chercher rue Denfert-Rochereau que tous deux habitaient, vinrent en hâte, suivis bientôt de J.-K. Huysmans, de Rachilde, d'Alfred Vallette, d'Albert Mérat, de Léon Dierx...

L'escalier était encombré d'une foule attendrie et respectueuse qui refluait jusque dans la rue. A une heure avancée de la nuit, des gens arrivaient encore qui demandaient en grâce à contempler une dernière fois le visage du Maître et à baiser sa main glacée...

Les amis, les familiers n'étaient admis que par

____

(1) Voir plus haut la lettre de Mme Delporte.

petits groupes à pénétrer dans la chambre mortuaire où, près d'un feu de charbon de terre presque éteint, F.-A. Cazals, à la lueur de trois bougies roses (1), fixait une dernière fois l'effigie de l'auteur de *Fêtes Galantes* (2). Toute la nuit, ses amis se succédèrent pour veiller le corps. Au matin François Coppée se présenta, blême et défait. Il pleurait. Il avait reçu la fatale dépêche en revenant du théâtre de l'Odéon où l'on représentait alors son drame : *Pour la couronne!* « Il vous a appelé », lui dit Eugénie; et Coppée en fut profondément touché. Elle tint d'ailleurs ce même propos, dont l'effet était sûr, à Catulle Mendès, à l'éditeur Vanier, au comte de Montesquiou-Fezensac, à tous ceux enfin qu'elle considérait comme des personnes de marque. François Coppée exprima le regret que les obsèques eussent été fixées à deux heures et qu'on n'eût pas songé à faire célébrer une messe pour le repos de l'âme de son ami.

---

(1) Depuis des années, ces bougies ornaient la cheminée de l'ancienne danseuse qu'était Eugénie Krantz. On les avait allumées, faute d'autres, dans le désarroi de la catastrophe. On ne peut s'empêcher de penser à ces vers :

La lumière de la bougie agonise
A l'infini dans les glaces de Venise.

(2) Deux dessinateurs, M. Ladislas Lœvy, envoyé par le *Journal*, et M. Noé Legrand, et un photographe, M. Gaillard, reproduisirent aussi les traits de l'illustre mort.

Après de nouveaux pourparlers avec Mendès, de Montesquiou et Vanier auxquels s'était joint un délégué du Ministre des Beaux-Arts, l'heure des funérailles fut définitivement fixée à *dix heures du matin*.

MM. de Montesquiou et l'éditeur de Verlaine offrirent spontanément de se charger des frais (1).

Pendant toute la journée du jeudi les lettres de condoléances affluèrent ainsi que les visites des retardataires (2). Mais les tristes formalités n'étaient pas

---

(1) A ce sujet M. Edmond Lepelletier affirme que « M. Léon « Vanier n'a nullement payé les frais des obsèques de Verlaine, ainsi « qu'on l'a si souvent prétendu. Elles furent soldées par une somme « de cinq cents francs remise, au nom du Ministère de l'Instruction « publique et des Beaux-Arts, par M. Roujon, lequel me l'a dit à « moi-même le jour même des obsèques, alors que je m'étonnais « qu'on eût laissé l'éditeur faire les frais. Des cotisations d'amis cou- « vrirent les dépenses supplémentaires, notamment l'augmentation « du prix du service religieux. » (*Paul Verlaine, édition du Mercure de France*, 1907.)

On peut lire d'autre part, dans le numéro spécial de *la Plume* consacré à Paul Verlaine (février 1896) :

« (Pour que ces notes soient complètes, disons que, grâce à l'obli- « geance de M. l'abbé Morland, ces obsèques ont eu la dignité qu'elles « devaient avoir. Les 998 francs demandés par le monopole des « Pompes funèbres ont été couverts par : M. le Ministre des « Beaux-Arts, 500 francs; François Coppée, 300 francs; E. Lepelle- « tier, Maurice Barrès, Comte de Montesquiou et Paul Vérola). »

(2) Nous nommerons parmi ceux qui s'inscrivirent les premiers : Henri de Régnier, Jean Richepin, Francis Vielé-Griffin, Anatole France, Albert Samain, Raoul Ponchon, Paul Vérola, Gustave Kahn, Michel Abadie, Han Ryner, Emile Blémont, Jules Bois, Dauphin-Meunier, Henri Degron, Paul Redonnel, Léon Deschamps, Manuel Devalddès, Raoul Gineste, Fernand Hauser, Gabriel de

terminées. Il fallut faire dresser l'acte de décès (1), puis vers midi le médecin des morts se présenta ; il ne jeta qu'un coup d'œil rapide sur le corps du poète : « L'organisme, dit-il, était usé jusqu'aux moelles, on trouverait dix maladies pour une. » Verlaine n'a donc pas succombé à un cancer, comme le dit Eugénie, ni à une simple pneumonie accidentelle, comme l'affirme Laurent Tailhade (2).

Il importait cependant de garder pour la postérité le moulage exact des traits du poète défunt. Le Rouge et Cazals auraient voulu y faire procéder immédiatement ; mais on leur apprit qu'il fallait d'abord obtenir l'autorisation de la Préfecture de Police. M. Lépine, admirateur de Verlaine, s'empressa de l'accorder. Les démarches (3), les

Lautrec, René de la Villoye, Paul Fort, Léon Maillard, Charles Morice, Charles Maurras, Maurice Du Plessys, Ernest Raynaud, Henry Bauër, Emmanuel Signoret, Raymond de la Tailhède, Séverine, etc.

(1) Voir à l'*Appendice*.
(2) Voir le chapitre II.
(3) Cazals connaissait, à la Préfecture, un poète, M. Jean Court. Le Rouge, muni d'un mot de son camarade, alla trouver ce fonctionnaire qui, très aimablement, le renseigna sur la marche à suivre : s'adresser d'abord au commissaire de police du quartier qui, lui, transmettrait la demande au Préfet dont la signature était indispensable.
Signalons ici également le désintéressement dont fit preuve M. Michaud, le commissaire de police du quartier du Panthéon, qui, en sa qualité d'ancien membre de la Presse, abandonna généreusement le prix de sa vacation.

formalités avaient demandé un certain temps. Le moulage ne put être exécuté que le jeudi, à la nuit tombante, alors que les traits du Poète s'étaient déjà sensiblement affaissés.

Lorsque M. Michaud se présenta pour assister, conformément à la loi, à cette opération le logement était encombré par un aussi grand nombre de personnes que la veille.

Jules Heyne et Manuel Devaldès se chargèrent de prévenir le mouleur Méoni, particulièrement expert dans sa profession et que Falguière employait depuis de longues années.

Il arriva bientôt. On lui céda la place et il ne resta près du lit mortuaire, que le commissaire de police, Gustave Le Rouge, F.-A. Cazals. Un poète, M. Erasme Anger, offrit son aide au mouleur qui l'accepta; et ce fut lui qui tint la lumière pendant la durée de l'opération. Les préparatifs étaient à peine commencés que Stéphane Mallarmé se présenta et demanda instamment à entrer. On s'empressa d'accorder cette faveur au noble poète dont le visage était bouleversé par la douleur. Stéphane Mallarmé se glissa dans la chambre, sur la pointe du pied, et déposa un gros bouquet de violettes au milieu des couronnes, des guirlandes et des palmes amoncelées.

— Ce cher, ce génial Verlaine, murmura-t-il d'une voix tremblante d'émotion, nous ne nous rencontrions pas aussi souvent que je l'aurais désiré... Les plus chers et les meilleurs de nos amis ne sont-ils pas souvent ceux que nous ne voyons guère, quoique nous pensions toujours à eux?

L'opération du moulage s'accomplit dans un silence atterré. Et les témoins de cette scène ne purent s'empêcher de détourner les yeux lorsque les poignées de plâtre commencèrent à recouvrir le visage du poète qui, jusque-là était encore paré de la sérénité auguste de la mort (1).

(1) Ce moulage a été reproduit à 50 exemplaires, numérotés, qui ont été offerts aux amis du Poète. Pour des raisons diverses certains d'entre eux (MM. Stéphane Mallarmé et Jean Moréas particulièrement) n'ont pas accepté celui qui leur était destiné. Deux exemplaires ont été cassés par accident.

L'épreuve initiale a été donnée au Musée Carnavalet par M. F.-A. Cazals. Le moule a été détruit ainsi qu'en témoigne un engagement écrit de M. Méoni, et aucun masque n'a été mis en vente ni cédé à prix d'argent.

Les auteurs de ce livre sont heureux de remercier M. Paul Vérola qui voulut bien leur avancer la somme nécessaire à l'exécution des 50 exemplaires de ce moulage. Voici les noms des personnes auxquelles une reproduction en a été attribuée :

MM. le Ministre de l'Instruction publique et des Beaux-Arts (Emile Combes), Georges Verlaine, Stéphane Mallarmé, Henry Roujon, directeur des Beaux-Arts, Jean Moréas, Paul Vérola, Ernest Delahaye, J.-K. Huysmans, Charles de Sivry, Comte Robert de Montesquiou-Fezensac, Henry Bauër, Edmond Lepelletier, Armand Silvestre, Maurice Barrès, Raymond Poincarré, F. de Zépelin, Catulle Mendès, Raoul Ponchon, François Coppée, Jean Riche-

Paris Dimanche

Mon cher ami

J'ai reçu votre première lettre, qui
a dû s'égarer ; car je vous eusse
répondu quelquechose comme ceci,
que, dans un si exigu appartement,
le nôtre, avec ma femme malade
et ma fille, je craindrais, de

placer en évidence, comme il convient, un moulage funèbre. Éternellement même, je vis, tout, avec le souvenir de Verlaine vivant et les admirables portraits de lui faits par vous, Cazals, que je préfère ces reliques de l'amitié et de l'art, où la mort ne vit pas d'empreinte et m'en contenterai. Merci de tout cœur, que vous ayez pensé à moi, je vous passe la main et le front mieux à la prochaine et toujours bonne

Un moulage offre en raccourci, toutes les hideurs d'une dissection ou d'une exhumation. Le masque de plâtre une fois arraché, le pauvre visage qu'il recouvrait apparut défiguré, boursouflé et dépouillé partiellement de la barbe et des sourcils dont les poils étaient restés pris dans le plâtre. Nous n'oublierons jamais ce lamentable spectacle !

Une demi-heure auparavant, c'était encore Paul Verlaine que nous avions devant nos yeux; à présent, ce n'était bien, vraiment, qu'un cadavre !

Stéphane Mallarmé se retira profondément impressionné. Lui-même, comme on le sait, ne devait pas survivre longtemps à son ami.

Le flot des visiteurs se renouvelait sans cesse et la petite salle à manger continuait à être bondée d'amis et de curieux sympathiques. Presque tous apportaient des bouquets ou des couronnes de fleurs naturelles. Les lettres, les condoléances officielles ou privées affluaient de tous les points du globe.

La douloureuse perte qu'éprouvait la poésie française trouvait surtout son écho en Alsace-Lor-

pin, Henry Cros, Aug. Rodin, Laurent Tailhade, Alphonse Humbert, Gabriel Vicaire, Mme Rachilde, MM. Albert Mérat, Félix Fénéon, Jean Lorrain, Félicien Rops, Dr Chauffard, Jean Jullien, G. Le Rouge, E. Jacquemin, Léon Dierx, H.-E. Angers, Paterne Berrichon-Dufour, Jean Court, Jean Bourguignon, H. Vernot, Niederhausern-Rodo, Fernand Clerget, P.-P. Plan, M. Du Plessys, L. Cranmer-Byng, Adrien Mithouard, Lucien Hubert.

raine, en Hollande, en Belgique et en Angleterre;
dans tous ces pays, on le sait, Verlaine, peu de
temps auparavant, avait fait une série de brillantes
conférences.

Vaincus par la fatigue, ceux qui l'avaient veillé
jusqu'alors se retirèrent dans une pièce voisine pour
y prendre un peu de repos. Gabriel de Lautrec, sur-
venant à ce moment, les remplaça. C'est en présence de ce dernier et de Léon Vanier qu'eut lieu
la mise en bière, le vendredi 10 janvier, peu de
temps avant l'heure fixée pour la levée du corps.

Étant donné la saison, on avait craint que les
funérailles du poète ne fussent contrariées par le
mauvais temps. Il n'en fut rien. Jamais plus radieux
soleil d'hiver ne brilla dans un ciel plus pur. Dès
huit heures du matin, une multitude imposante et
sans cesse accrue obstruait la rue Descartes. Elle
finit par s'étendre jusqu'au Panthéon. Cette foule
composée d'amis, d'admirateurs et de curieux était
profondément recueillie et grave; son attitude
n'avait rien de cette indifférence et de cette ironie
parfois gouailleuse que l'on remarque dans les
funérailles officielles.

L'étroit corridor de la maison mortuaire, tendu
de draperies noires, sans aucun autre ornement
qu'une grande croix d'argent, au-dessus du cata-

falque, était transformé en chapelle ardente. Faute
d'un emplacement plus propice, le registre habituel
avait été installé chez le papetier d'en bas. Quinze
pages de ce registre furent bientôt couvertes des
signatures les plus illustres.

Le cercueil disparut sous le flot montant des roses,
des lilas et des œillets, fleurissant de leurs gerbes la
mortelle dépouille du Pauvre Lélian, et l'envelop-
pant comme d'un immense bouquet. Toute impression funèbre disparaissait : Verlaine entrait déjà
dans la gloire !

Car pour ses amis, pour ses fidèles, Paul Verlaine,
comme le Messie crucifié de la Poésie, n'a été *réellement mort* que pendant les trois lugubres journées
qui s'écoulèrent entre le moment où il rendit
le dernier soupir et cette radieuse matinée d'hiver
qui fut, pour tous, le commencement de son apothéose (1) !

A dix heures un quart, le clergé de Saint-Étienne-

(1) Parmi cette opulente moisson florale, on remarquait la couronne du *Mercure de France* en roses rouges et blanches ; celle de la
Lorraine artiste avec l'inscription, *Nancy pour Metz* ; celle de M. Edmond Lepelletier, en lilas blanc ; celle de M. de Montesquiou en roses
et pensées, avec une palme ; de la *Revue encyclopédique*, en immortel-
les jaunes ; celles de la *Plume*, de l'*Association générale des Etudiants*,
de Léon Vanier, des *Admirateurs et Amis*, du « Sénate », etc.; enfin,
la colonie anglaise de Paris avait envoyé une royale gerbe de lilas
blancs et d'orchidées..:

Masque pris par T. H. Cazals
le 9 Janvier à 5 heures
pendant l'opération de moulage

du-Mont, paroisse de Verlaine, se présenta et procéda
à la levée du corps. Le cercueil fut déposé dans un
corbillard de cinquième classe et le cortège se mit
en marche.

Les cordons du poêle étaient tenus par François
Coppée, Catulle Mendès, Robert de Montesquiou (1),
Edmond Lepelletier, ami d'enfance du poète, et
Henri Roujon, directeur des Beaux-Arts. Le Ministre
de l'Instruction publique s'était fait représenter par
M. Wels.

En l'absence de Georges Verlaine, le deuil était
conduit par le beau-frère du défunt, le compositeur
Charles de Sivry; MM. Ernest Delahaye, F.-A. Cazals
et Léon Vanier que suivaient immédiatement le petit
groupe des intimes : Maurice Du Plessys, Ernest
Raynaud, Saint-Georges de Bouhélier, Albert Cornuty, Gustave Le Rouge, Édouard Jacquemin.

L'amie du poète, Eugénie Krantz, avait pris place
dans un fiacre, en compagnie de Mmes Marie C... et
Jeanne L...

Parmi la multitude des poètes, des peintres, des
sculpteurs, des artistes de tout genre qui suivaient
le cercueil, beaucoup ne connaissaient Paul Verlaine que par ses vers; mais ils avaient tenu à lui

---

(1) A la sortie de l'église, M. de Montesquiou céda courtoisement
sa place à M. Maurice Barrès.

rendre un suprême hommage. Ils étaient descen-
dus de leurs sixièmes, ils avaient quitté leurs modestes
ateliers, avec leurs maîtresses pauvrement vêtues,
pour saluer une dernière fois celui qui a été le Villon
et le Musset de la précédente génération.

Ce fut au milieu d'un cortège triomphal que les
restes du grand poète furent transportés à l'église
Saint-Étienne-du-Mont. Des tentures, avec le V ini-
tial en argent, en décoraient le portail. Un catafalque
était dressé au milieu de la nef. Les marches de
l'autel étaient recouvertes d'un tapis noir. Une
messe basse fut dite par l'abbé Chanes. Théodore
Dubois et Gabriel Fauré (1) tinrent les grandes
orgues et le *Pie Jesu* de Niedermeyer fut exécuté
par la maîtrise sous la direction de M. Gros, maître
de chapelle.

Après que M. l'abbé Lacèdre, curé de la paroisse,
eut donné l'absoute, il fut procédé à la levée du
corps et l'imposant cortège se mit en marche en
suivant les rues Soufflot, de Médicis, de Tournon, le
boulevard Saint-Germain, la rue des Saints-Pères (2).

(1) Alors maître de chapelle de la Madeleine, aujourd'hui directeur du Conservatoire.
(2) Quand le cortège traversa les quais, non loin de l'Institut,
François Coppée, fatigué, dut monter dans une voiture où il s'occupa
de relire le discours qu'il devait prononcer. Ce fut Stéphane Mallarmé
qui prit à sa place un des cordons du poêle.

Il traversa la place du Carrousel, s'engagea dans l'avenue de l'Opéra, atteignit la place Moncey et descendit l'avenue de Clichy jusqu'aux fortifications (1).

Fait digne de remarque, des groupes nombreux de passants se joignaient au cortège sitôt qu'ils apprenaient que c'était Verlaine qu'on enterrait.

Au départ de la rue Descartes, on pouvait évaluer à cinq mille personnes environ la foule qui suivait le cercueil; et malgré la fatigue d'un si long trajet, ce nombre avait à peine diminué lors qu'enfin le cortège fit halte devant les portes de bronze du cimetière des Batignolles, à cinq cents mètres de la barrière (2).

(1) Avenue de Clichy, Catulle Mendès achetait à un camelot un journal du soir qu'il se mit à lire attentivement, tout en continuant à tenir d'une main négligente le cordon du poêle. Ce menu fait, attribuable sans doute à une simple distraction, produisit l'impression la plus fâcheuse parmi nous.

(2) Avant l'extension des fortifications, ce cimetière, actuellement situé sur le territoire de Clichy, dépendait de la commune des Batignolles. Il est entouré de hauts murs lierreux, ombragé de vieux marronniers et rempli, dès le printemps, de fleurs et d'oiseaux. A deux pas de la porte Clichy, il donne l'illusion d'un cimetière de campagne et semble fait à souhait pour le repos d'un poète. Le 24 août 1889, Paul Verlaine écrivait d'Aix-les-Bains, à F.-A. Cazals : « J'apprends... qu'on a enterré l'infortuné chez grand ami [Villiers de l'Isle-Adam] au cimetière des Batignolles, celui où j'ai mon caveau de famille, tu sais? qui est surmonté d'un tombeau sortable -- je le crois parce que c'est moi qui en ai eu l'idée à la mort de mon père, en 1866, et qu'on a profité de la maladie qui me clouait au lit, lors

Au milieu du recueillement de tous, le cercueil du poète fut descendu dans le caveau où reposaient déjà son père et sa mère.

Tour à tour François Coppée, Catulle Mendès, Stéphane Mallarmé, Edmond Lepelletier, Maurice Barrès, Jean Moréas et Gustave Kahn prirent la parole au bord de la tombe entr'ouverte.

Les assistants avaient écouté ces éloges funèbres (1) avec une religieuse attention, et c'était, certes, un émotionnant spectacle que de voir tous ces jeunes hommes, tête nue et appuyés aux pierres des tombeaux, saluer ainsi d'un dernier hommage le poète qu'ils avaient aimé.

A ce recueillement, d'ailleurs, ne se mêlait aucune tristesse. N'avait-on pas vu pendant le trajet funè-

de la mort de ma mère, en 1886, pour l'« orner » d'un absurde porte-couronnes que, par parenthèse, tu feras bien, si je meurs avant d'y avoir pourvu, d'ordonner, de ma part, de démolir. »

Dans *Amour* Verlaine avait déjà consacré un poème à sa sépulture de famille. En voici les deux premières strophes :

> Un grand bloc de grès : quatre noms : mon père
> Et ma mère et moi, puis mon fils bien tard
> Dans l'étroite paix du plat cimetière.
> Blanc et noir et vert, au long du rempart.
>
> Cinq tables de grès; le tombeau nu, fruste,
> En un carré long, haut d'un mètre et plus,
> Qu'une chaîne entoure et décore juste,
> Au bas du faubourg qui ne bruit plus.

(1) Voir dans le *Paul Verlaine* d'Edmond Lepelletier (*Mercure de France*, 1907) le texte complet des discours.

bre des adolescents réciter avec enthousiasme des vers du poète? Pour Verlaine qui avait vécu si longtemps pauvre et dédaigné, qui avait subi tant de déboires et de souffrances, l'heure des légitimes revanches de la gloire avait enfin sonné.

Cette foule choisie entre toutes, et telle que Verlaine lui-même l'eût souhaitée pour faire honneur à ses mânes, se retira silencieusement. Tous les cœurs étaient enflammés d'une noble émulation pour la Beauté.

Dans le soir qui tombait, les disciples, par petits groupes, remontèrent lentement l'avenue de Clichy. Les cafés qui avoisinent la place s'emplirent d'une foule de jeunes hommes qui discutaient avec le même enthousiasme que naguère au quartier, à l'heure où ils entouraient Verlaine, et qui déclamaient avec une sorte d'orgueil inspiré les plus beaux vers du maître disparu. Et c'était comme un retour momentané aux époques héroïques du Romantisme et du Parnasse.

Un événement qui, dans les temps anciens, aurait eu l'importance d'un présage vint encore accroître l'impression produite par la mort du poète. Dans la nuit qui suivit ses funérailles, le bras de la statue de la Poésie qui décore le faîte de l'Opéra se détacha en même temps que la lyre d'or qu'il soutenait et vint tomber sur le sol, à l'endroit même où avait passé dans une apothéose la dépouille mortelle de Paul Verlaine.

Les journaux relatèrent cet accident dans la colonne des faits divers, mais les dévots du poète virent là comme un symbole. La lyre d'or de la poésie française ne s'était-elle pas brisée en même temps que s'éteignait pour toujours la voix de Paul Verlaine, le dernier grand lyrique du XIXᵉ siècle?

DESSIN DE P. BERRICHON
(D'après un buste de Verlaine par Rodo).

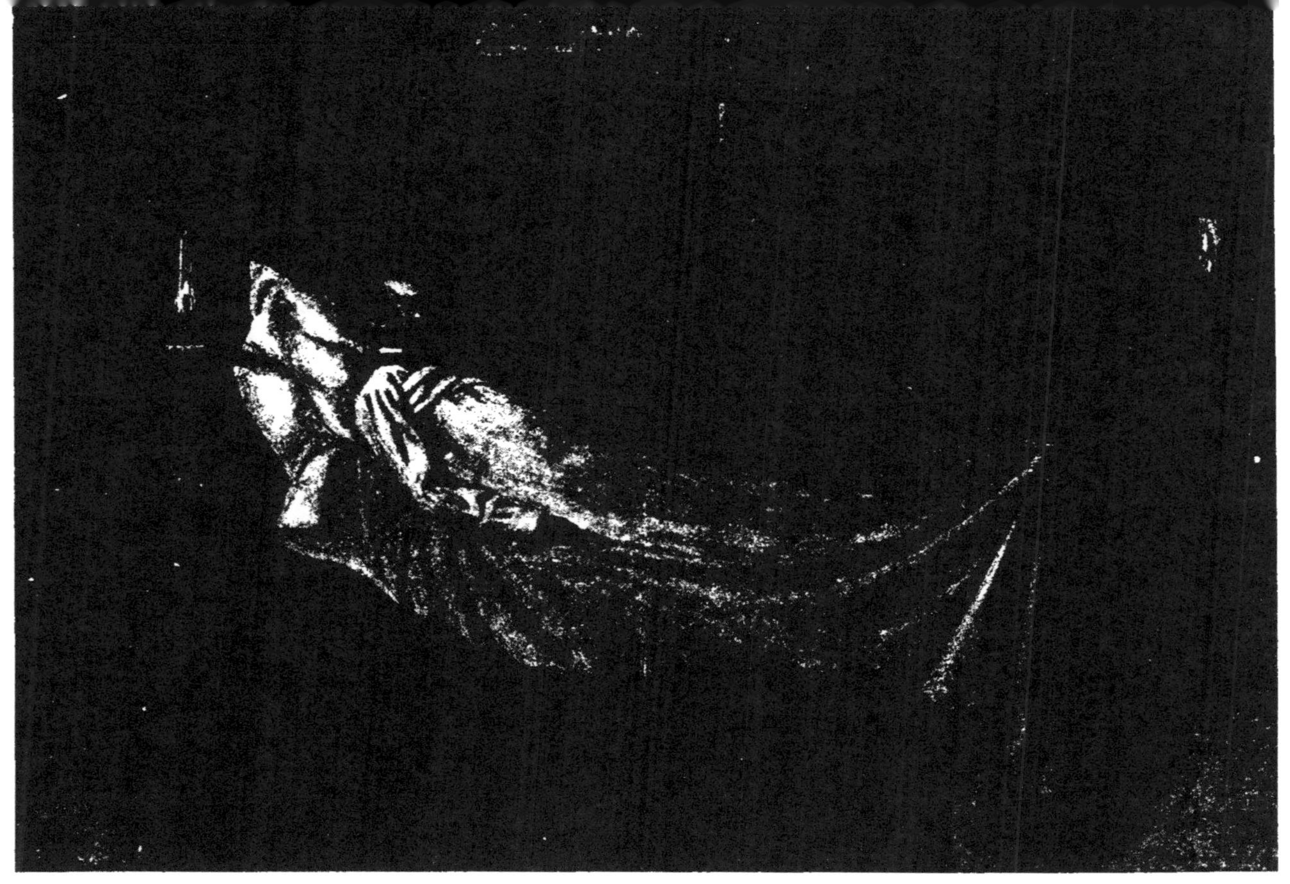

VERLAINE SUR SON LIT DE MORT.

CHAPITRE II

L'HOPITAL

Paul Verlaine a passé une bonne moitié des dernières années de sa vie à l'hôpital : — « dans la fade odeur de l'iodoforme et du phénol, des promiscuités intellectuelles contre nature, l'indulgence un peu narquoise des docteurs et des élèves, toute l'horreur enfin d'une littérale misère mal à l'abri des dernières extrémités », comme il le dit lui-même.

Des journalistes ont pourtant accusé le poète d'avoir abusé des facilités qu'il avait pour entrer à l'hôpital, qui était, disent-ils, pour lui comme une maison de campagne : s'il allait à l'hôpital c'est qu'il s'y plaisait; c'était sa villégiature. Il fallait à sa santé poétique cette atmosphère de misère et de peine.

Ce sont là des critiques d'ignorants ou de malinten-

Vendredi treize

Cher ami, Es-tu revenu de
tes pélégrinations? Moi, rentré
dans mon château d'hiver, sine
H[ôte]l Broussais, salle Laségue, 24,
rue Didot 96: rhumatismes, souffle
cardiaque, commencement de diabète
et fin de syphilis. Joli programme
n'est-ce pas? et qui demandera DU
TEMPS.

J'ai fait, tu sais, ta biographie
pour Hommes d'Aujourd'hui. Ne paraîtra
qu'après lecture tienne et tienne
approbation après retouches sous ta
dictée. — Viens donc me voir. Dis à l'Angle
mon adresse. — Visible tous les jours de 1 à 3

Ton P. Verlaine

tionnés. Le médecin qui vint constater le décès de Verlaine reconnut qu'il avait au moins huit ou dix maladies mortelles (Voir ci-contre un billet de Verlaine à Gabriel Vicaire, daté du 13 novembre 1891).

Syphilitique, rhumatisant, diabétique, dypsomane, Verlaine était encore atteint d'une hypertrophie du cœur et d'une cirrhose du foie, sans compter « l'ankylose du genou gauche — consécutive à une arthrite rhumatismale » qu'il avait depuis 1886 — et la fatale et inévitable pneumonie. En outre, vers la fin de sa vie, il fut atteint de gastralgie, quoique jusqu'alors il n'eût jamais souffert de l'estomac.

Les maladies de Verlaine étaient telles que, bien des fois, la voiture des ambulances municipales dut venir le prendre dans les tristes hôtels garnis qu'il habitait.

Et pourtant, au milieu de toutes ces souffrances, jamais le poète ne cessa de travailler (1). Entre

(1) Nous extrayons le passage suivant d'une lettre de Verlaine à Mme Rachilde :

« J'espère que votre santé continue à être bonne, chère Mademoiselle. La mienne est entre le ziste et le zeste. Le docteur me laissa espérer que je marcherais à peu près comme tout le monde... boiteux, mais m'assure que ce sera long. J'avoue que l'hôpital me pèse assez, non pourtant que je sois aussi affamé de liberté, voire de licence qu'on pourrait le supposer après de si longs jeûnes, au contraire, il me semble que guéri et sorti je m'occuperai juste de vivre très deux crises de rhumatisme aigu, il allumait la lampe que, par faveur spéciale, on lui permettait de garder sur sa table de nuit, et commençait à griffonner un sonnet ou une ballade, jusqu'à ce qu'un autre accès douloureux de son mal le forçât à s'arrêter.

Un fait cependant est à remarquer. De toutes ces maladies, il n'en est pas une seule qui constitue véritablement une tare congénitale. Verlaine n'est ni scrofuleux, ni épileptique. Il n'est atteint d'aucune affection héréditaire. Comme il le disait lui-même, et comme ses médecins se plaisaient à le répéter, il était né avec une santé physique et morale des plus robustes. Sa vigueur, dans sa jeunesse, était prodigieuse; et, sans l'existence infernale qu'il mena, il eût pu devenir centenaire.

Verlaine en convenait lui-même avec une humble franchise.

— Toutes les maladies que j'ai, avouait-il, je les ai bien méritées. Je puis faire mon *mea culpa*. J'ai brûlé ma vie, et c'est tant pis pour moi !

petitement avec la sagesse chrétienne et la pratique, oui, la pratique catholique pour objectif... En attendant cette sortie dans les brumes de l'avenir je travaille à des *Histoires comme ça, Contes tout ainsi, Pour ma fille, A Cœur joie ! Mémoires d'un veuf*, 2ᵉ série, etc. Sans compter les vers. C'est tout de même captivant et consolant ce travail, la littérature, quand on s'y fourre tout entier, son rêve et le reste ! »

D'ailleurs il avait conscience d'être, au point de vue intellectuel, parfaitement équilibré. Un jour, un de ses amis lui disait au café François Ier:

— L'absinthe vous rendra fou furieux !

— Furieux? peut-être... mais fou, jamais! Je raisonne trop bien pour cela... Quand on a une certaine logique dans les idées on ne peut pas devenir fou.

Et il nous développa cette thèse toute spiritualiste qu'une âme parfaitement organisée et consciente ne tombe jamais dans le détraquement, quels que soient les excès qu'on ait pu commettre. Il concluait avec une philosophie souriante :

— Si j'avais dû devenir fou, il y a beau temps que ce serait chose faite !

De l'avis de tous ceux qui l'ont approché, il garda jusqu'à son dernier jour la santé intellectuelle la plus vigoureuse. Maurice Barrès ne doit pas avoir oublié de combien de bon sens et d'esprit Verlaine faisait encore preuve, lorsque l'auteur de *Bérénice* venait rendre visite au poète de *Sagesse*, à l'hôpital Saint-Louis.

Si nous insistons sur ce point, c'est qu'un journaliste qui eut son heure de notoriété, M. Max Nordau, n'a pas craint, dans un article à scandale, de classer Paul Verlaine parmi les déments.

« C'est — écrit-il — un effrayant dégénéré, au crâne asymétrique et au visage mongoloïde ; un vagabond impulsif et un dypsomane qui a subi la prison pour un égarement érotique ; un rêveur émotif, débile d'esprit, qui lutte douloureusement contre ses mauvais instincts, et trouve dans sa détresse, parfois, des accents de plaintes touchantes ; un mystique dont la conscience fumeuse est parcourue de représentations de Dieu et de ses saints ; un radoteur dont le langage incohérent, les expressions sans signification et les images bizarres révèlent l'absence de toute idée nette dans l'esprit (1). »

Max Nordau, israélite, allemand nationalisé qui s'est fait une vague réputation en vulgarisant les théories de Lombroso, prétend découvrir des

---

(1) Un médecin, M. Charles Tenib, répond justement à M. Nordau : « Le portrait est faux dans l'interprétation des traits et dans leur relative valeur. Le principal est effacé. Une sensibilité d'une finesse extrême, voilà tout Verlaine. L'asymétrie crânienne, la face mongoloïde et la barbe rare sont la marque d'un développement nerveux qui se fait peut-être toujours aux dépens des autres systèmes ; rien d'autre dans l'état actuel de la science ne peut être conclu. »

C'est encore un Allemand, M. Poppenberg, qui a inventé le « Verlaino-priapisme » !

Dans une étude sur Shakespeare et Racine parue dans *Fornighily Review* en 1894, Verlaine se divertit fort de ces jugements où l'irrévérence et l'incompétence le disputent au manque de tact.

M. Jacques des Gachons, dans un article : *Paul Verlaine et les médecins* (*La Cocarde*, 12 octobre 1894), conclut avec beaucoup de justesse et de bon sens : « La science lombrosienne n'est riche que d'observations et c'est prématurément qu'elle veut émettre des lois. »

fous partout. Comme Huysmans le dit : « Ce médicastre allemand est un monomane de la folie. »

Dans la citation que nous donnons plus haut, Nordau affiche sa profonde ignorance, aussi bien de la biographie du poète qu'il insulte, que du génie de notre langue. Verlaine ne fut jamais mis en prison pour « égarement érotique »; et qu'a-t-il voulu dire avec sa « conscience fumeuse parcourue de représentations de Dieu et de ses saints (1)»?

M. Nordau, piètre traducteur d'articles de journal, médecin sans clients, savant sans découvertes, a appris le français dans des manuels d'outre-Rhin et le connaît insuffisamment. Lorsqu'il saura mieux notre langue, il arrivera peut-être à comprendre les poèmes de Paul Verlaine, et il ne parlera plus de « langage incohérent» et « d'expressions sans signification».

On s'étonne, lorsqu'on a vu, ne fût-ce qu'une fois, M. Nordau, de l'audace tranquille avec laquelle il attaque un noble poète. Un lombrosien sérieux, à considérer sa physionomie inquiète, ses yeux hagards,

---

(1) Une phrase de Jules Lemaître : « *Cet enfant* [Verlaine] *a une musique dans l'âme, et à certains jours, il entend des voix que nul avant lui n'avait entendues* » — a fait croire à M. Nordau que Verlaine avait eu des « représentations » (lisez : hallucinations) mystiques à la façon de Jeanne d'Arc. Le scoliaste teuton a confondu ici le sens propre et le sens figuré, ce qui de sa part est très explicable.

à constater la nervosité de ses gestes et les déforma-
tions de sa boîte crânienne reconnaîtrait sans hésita-
tion chez lui les stigmates de l'équivoque et réjouis-
sant « verlaino-priapisme » inventé par les savants
allemands. Si les théories de M. Nordau étaient
exactes, ce serait vraiment lui-même un homme fort
à plaindre.

Le plus amusant, c'est que le mot « mongoloïde »
a été employé sinon créé par Verlaine lui-même,
qui était loin de se douter qu'on lui prendrait ainsi
cette épithète, pour la lui jeter à la face.

Tous les anthropologistes sérieux ont reconnu —
et le moulage est là pour en faire foi — que le
crâne de Paul Verlaine est parfaitement symétrique.
Sa physionomie offre une ressemblance frappante
avec celle de Socrate, dont il eut la bonté et la malice ingénue. Nous pouvons ajouter, pour faire plaisir
à M. Nordau, que d'aucuns ont aussi voulu recon-
naitre à Verlaine une ressemblance avec Bismarck.

Non certes, Paul Verlaine n'était pas un dégénéré.
Seulement, comme tous les poètes, il était d'une
sensibilité suraiguë, exceptionnelle. Il ressentait,
jusqu'à la souffrance, des impressions fugitives et
subtiles inéprouvées du vulgaire, muré dans l'imperfection de ses sens grossiers comme la tortue dans
sa carapace.

Les impressions physiques même les plus ordinaires, il ne les appréciait pas comme tout le monde.

Contrairement au commun des hommes, Verlaine n'aimait pas la chaleur. Il écrit, au cours d'un article sur son ami Charles Cros :

L'extraordinaire printemps qui nous cuit plus qu'il ne nous échauffe et nous exaspère plutôt qu'il ne nous vivifie a le don, pour moi qui reviens des pays du Nord, d'exacerber encore le sentiment de tristesse que m'inspire l'exagération de la chaleur et de la lumière (1).

Et ailleurs :

J'admire, j'aime peu le soleil. Il me cause des nausées; il m'étourdit et m'aveugle. Et, comme mon cher Stéphane Mallarmé, je lui préfère absolument l'hiver lucide (2).

Nous n'entreprendrons pas ici de dresser une liste de tous les séjours du poète dans les établissements de l'assistance publique. Il avait une préférence marquée pour l'hôpital Broussais où il avait toujours été bien accueilli. Notons pourtant les stages plus ou moins prolongés qu'il fit à Tenon, à Saint-Antoine, à Cochin, à la maison Dubois, à Bichat et à Saint-Louis (3).

(1) Le *Figaro*, 7 avril 1893.
(2) Le *Figaro*, 26 juillet 1893.
(3) Antérieurement à l'année 1892, les séjours de Paul Verlaine à

Encore, dans cet hôpital, paya-t-il sa place à raison de dix francs par jour.

En ce moment-là, le poète avait un peu d'argent, et il se fût fait scrupule d'occuper, gratuitement, le lit d'un plus pauvre que lui.

C'est à Saint-Louis (1), au pavillon Gabriel, que Maurice Barrès le vint visiter. Il y menait une vie assez douce. Là, les malades jouissaient d'un régime spécial plus luxueux. Il y fut le voisin de lit d'un célèbre escroc américain dont il nous conta, certain dimanche, l'incroyable aventure.

Cet homme était le directeur d'une compagnie de chemins de fer de l'Amérique du Sud. Après avoir dilapidé une partie des fonds qui lui étaient confiés et qui s'élevaient à plusieurs millions, il se trouva acculé à la fuite, forcé de choisir entre la prison ou

l'hôpital furent beaucoup plus fréquents et plus prolongés que pendant les dernières années, celles dont nous nous occupons dans ce volume.

Ainsi, en 1886, il passe les trois premiers mois de l'année à l'hôpital Broussais pour y soigner une deuxième attaque de ce rhumatisme qui ne devait plus le quitter. Il en sort au mois d'août, pour, durant tout le mois de mai 1887, s'installer à l'asile national de convalescence de Vincennes. En juillet et août il est à Tenon et à Vincennes et le mois de septembre le ramène encore à Broussais.

Dans les quatre dernières années, au contraire, il ne fait à l'hôpital que de courts séjours, sauf en 1893, où il reste six mois à Broussais, si malade qu'il y faillit mourir. En 1894, il ne réside que peu de temps à Saint Louis et à Bichat.

(1). « Epigrammes » fut entièrement composé au Pavillon Gabriel.

l'exil. Ce fut pour l'exil qu'il opta. Mais, avant de partir, il décida de râfler, sans vergogne, tout le reste des capitaux dont il disposait encore en sa qualité de directeur. Il remplit donc de bank-notes une valise à soufflets.

Il était encore occupé à ces préparatifs de départ, lorsqu'un serviteur de confiance vint l'avertir que ses principaux actionnaires, tardivement prévenus, avaient porté plainte contre lui, et s'étaient mis eux-mêmes à sa recherche.

Notre homme n'hésita pas. Abusant de son pouvoir directorial, il fit chauffer une locomotive, et sauta dans le tender, sans oublier, bien entendu, la précieuse valise.

En sa qualité d'ingénieur, il connaissait à merveille la conduite et le maniement de sa machine. Il se lança donc à toute vitesse, dans la direction du port le plus proche.

De station en station les sonneries du télégraphe tintaient, et les trains n'avaient que le temps de se garer dans les voies latérales. Pour tous, M. le Directeur faisait une expérience.

Mais une demi-heure à peine s'était écoulée que la meute irritée des actionnaires arrivait sur ses traces. Apprenant ce qui s'était passé, tous prirent place sur une autre locomotive pour lui donner la chasse.

Ce fut un *raid* sans précédent. M. le Directeur avait une meilleure machine; MM. les Actionnaires étaient mieux pourvus de combustible.

Déjà, leur locomotive n'était plus qu'à cent mètres de celle du fugitif, sur lequel ils commençaient à braquer leurs revolvers, en l'accablant d'injures et en lui intimant l'ordre de se rendre.

Le directeur se garda bien de leur obéir, ayant eu sous les yeux trop d'exemples de lynchage.

Il se voyait perdu. Tout à coup, une idée de génie l'illumina... Diminuant la vitesse, il jeta dans le foyer tout ce qui lui restait de charbon; puis il fit machine en arrière, et ouvrit tout grand le robinet d'adduction de la vapeur.

Il sauta à terre avec la valise aux bank-notes moins d'une minute avant la collision effroyable qui réduisit en miettes les deux locomotives. Tous les actionnaires furent anéantis dans la catastrophe.

Débarrassé de ses ennemis, le directeur se lança à travers la forêt vierge et, au prix de mille périls, parvint à s'embarquer pour l'Europe.

Il avait changé de nom, mis en lieu sûr ses économies et vivait paisiblement dans un somptueux hôtel des Champs-Élysées, lorsque son gouvernement, qui avait fini par retrouver sa piste, demanda l'extradition.

Aussitôt — comme un autre Cornélius Hertz —
il jugea à propos de tomber gravement malade. On
le transporta donc au pavillon Gabriel où il était
gardé à vue par deux agents de la sûreté. Cette tâche
n'avait d'ailleurs rien de pénible pour les fidèles
séides de M. Lépine. Ils étaient nourris aux frais
de leur prisonnier, et tous leurs repas étaient copieusement arrosés de champagne.

Verlaine était de nature très sociable. Comme le
philosophe Leibnitz, il aimait à s'entretenir avec les
gens de toute condition sociale. Il ne tarda pas à lier
connaissance avec l'étrange financier que le hasard
lui avait donné pour voisin; et il nous a souvent
raconté que le récit du « duel à la locomotive »,
qu'il tenait de la bouche même de l'américain, était
un de ceux qui l'avaient le plus amusé, et même
émerveillé !

D'ailleurs, l'escroc qui avait trouvé moyen de se
mettre en règle avec les magistrats de son pays,
ne tarda pas à regagner son hôtel des Champs-
Élysées, pendant que le poète dont la jambe allait
mieux, retournait à son garni du quartier Latin.
Pour ceux qui parlent de justice sociale, quel parallèle n'y aurait-il pas à établir entre la destinée de ces
deux hommes... le poète, dont la noble pauvreté

suscite encore des calomniateurs impudents... et le voleur, toujours triomphant grâce à ses millions, au milieu de la haute société parisienne !

Peu de semaines après, d'ailleurs, Paul Verlaine retombait malade et devait retourner à l'hôpital. Cette fois, c'était à Broussais (1).

Il a écrit, dans « Mes hôpitaux » et ailleurs, des pages douloureuses et charmantes sur cet établissement étrange entièrement construit en bois sur pilotis avec de longues galeries qui permettent la promenade, même par les jours pluvieux.

Là, Verlaine se sentait chez lui. Tout le monde le connaissait, depuis le plus arrogant des internes jusqu'au dernier des infirmiers. N'avait-il pas sa place marquée, dans cette petite salle Lasègue, qui ne contient qu'une dizaine de lits, et dont les fenêtres donnent sur les tranchées verdoyantes du chemin de fer de Ceinture?

A Broussais, Verlaine était sous la protection toute spéciale de l'excellent docteur Chauffard, qui l'avait pris en amitié, et qui lui montra, jusqu'à la fin, le plus affectueux dévouement.

Quelquefois le docteur Chauffard emmenait Verlaine dîner avec lui, dans un petit restaurant qui se

(1)   *Un hôpital sis à Plaisance où le poète*
        Vit, caressé par l'ombre du drapeau français.

trouve en face de l'hôpital. Mais, au dessert, une fois le café pris, alors que le poète, grisé par cette bouffée de liberté, se fût volontiers livré à quelque escapade, l'amphytrion ramenait inflexiblement son convive à la salle Lasègue.

Le docteur Chauffard étendait même sa protection sur les amis du poète. Il suffisait de lui être recommandé par Verlaine, pour être admis, dans cette bienheureuse salle Lasègue qui, un moment, tourna au cénacle artistique et littéraire. Sur dix lits, il y en eut jusqu'à quatre d'occupés par des nourrissons des Muses.

Un jour, Verlaine insistait près du docteur Chauffard pour faire admettre à Broussais un poète chevelu qui n'avait d'autre maladie que d'être sans feu, ni lieu, sans argent et sans crédit.

— Mais, mon cher poète, dit le docteur, je ne vois pas trop de quelle maladie il souffre, votre ami...

— Il a une « mistouflite » aiguë ! répliqua Verlaine d'une voix caverneuse.

Le pseudo-malade fut admis. Le bon docteur le mit au régime des doubles portions, du quinquina et du tod au rhum. Entré à l'hôpital avec une mine hâve et flétrie, le poète, grâce à ce traitement réconfortant, ne tarda pas à retrouver sa bonne mine et ses fraîches couleurs. Au bout de huit jours, ayant reçu quelque argent de sa famille, il quitta l'hôpital, tout prêt à se jeter, et avec plus d'ardeur que jamais, dans la mêlée littéraire.

L'existence calme, méthodique et réglée que Verlaine menait à Broussais, avait pour lui un certain charme à cause de sa régularité conventuelle.

A sept heures, les infirmières, dont quelques-unes étaient avenantes et gracieuses, venaient lui apporter le bol de soupe matinal et il manquait rarement de les saluer de quelque compliment galant.

Puis, vers neuf heures, c'était la visite, trois coups de cloche annonçaient l'arrivée du chef, le docteur Chauffard, qui, entouré de son état-major d'internes en tablier blanc et calotte de velours et d'externes en costume de ville, passait de lit en lit.

En arrivant à celui de Verlaine, il s'informait de la façon dont il avait passé la nuit et souvent on l'entendait s'écrier en se tournant vers les étudiants qui l'entouraient :

Messieurs, voici un grand malade, un très grand malade... et un grand poète... le plus grand poète catholique du siècle...

Et avant de passer au lit suivant, il se lançait dans une véritable dissertation littéraire sur la poésie verlainienne.

Pourtant, l'heure de la visite était pour le poète
la plus pénible de la journée. Il était alors en butte
à la curiosité, et, parfois, aux questions indiscrètes

DESSIN DE VERLAINE

de tous ces jeunes gens. Cette curiosité, hâtons-
nous de le dire, était en général bienveillante. La
plupart des internes et des externes étaient heureux
de voir et d'entendre le grand poète dont ils avaient lu
les vers. Ils ne lui parlaient qu'avec un profond respect.

Deux ou trois seuls faisaient exception. Ceux-ci, fils d'industriels et de riches commerçants, avaient été élevés dans le double mépris de la poésie et de la pauvreté. Pour eux, Paul Verlaine n'était qu'un bohème, un déclassé, un ivrogne, dont on avait tort vraiment, de tant s'occuper. Et, par leurs mines hautaines, par leurs paroles brèves, ils manifestaient tout l'imbécile dédain qu'ils ressentaient pour l'illustre malade.

En certaines occasions, la présence seule du **docteur** Chauffard retint peut-être sur les lèvres de ces futurs bourgeois, des insolences plus précises. Aussi, était-ce un soulagement immense pour le poète, quand internes et externes s'étaient retirés lentement (1).

Eux partis, la salle prenait un tout **autre aspect.** Tous les malades qui étaient en état de mettre un pied l'un devant l'autre, se levaient et revêtaient la capote bleue traditionnelle.

Verlaine, qui exerçait sur son entourage un réel prestige, prenait affablement des nouvelles de ses voisins qui, suivant un usage établi, se désignaient entre eux par le numéro de leur pancarte.

— Est-ce que Monsieur Sept a bien dormi?

(1) Verlaine eut surtout à se plaindre d'un interne nommé Grandmaison auquel il a consacré une de ses « Invectives ».

demandait le poète avec une courtoisie parfaite.

— Parfaitement, Monsieur Verlaine, répondait M. Sept, qui, en sa qualité d'ancien ouvrier imprimeur, était vaguement teinté de littérature, et avait voué au poète un culte fanatique.

Puis, un groupe se formait autour du Pauvre Lélian. Les menus potins de l'hôpital s'échangeaient entre les malades : — Il y a eu trois morts cette nuit, dans la salle voisine... Alors, y a pas d'erreur, on va bouffer du hachis... — M‍ᴵˡᵉ X..., l'infirmière, en pince pour le grand blond au binocle, vous savez, l'interne?—Il paraît qu'il y a un cambrioleur dans la salle Bichat et qu'il est venu deux agents de la sûreté pour le « poisser »...

Paul Verlaine écoutait avec un intérêt paternel tous ces potins, mais sans jamais s'y mêler, sauf pour conseiller à tous l'indulgence dans leurs appréciations. Que le temps fût pluvieux ou clair, il bourrait une de ses pipes de bois, mettait dans sa poche les journaux qu'il recevait régulièrement, et descendait sous les galeries du cloître à poutrelles, pour faire une lente promenade qui durait une heure et demie ou deux heures, et parfois davantage.

S'il y avait dans la salle Lasègue quelque camarade de lettres, Verlaine l'emmenait avec lui dans cette promenade.

Les auteurs de ce livre qui, tous deux, ont eu l'occasion de séjourner à l'hôpital Broussais, ont gardé un souvenir émerveillé de ces charmantes causeries où, libre de toute contrainte, le poète s'abandonnait à la verve de ses souvenirs, exposant avec éloquence ses théories parfois outrancières et paradoxales, mais toujours marquées au coin de l'originalité la plus puissante et de la gaîté primesautière.

Au cours de ces promenades matinales, lorsque ses douleurs lui laissaient un peu de répit, il avouait qu'il n'était pas, après tout, trop malheureux à l'hôpital.

Enfin, l'heure du déjeuner étant arrivée, il remontait à la salle Lasègue.

Dans cette existence monotone, si dépourvue d'incidents, le déjeuner était un petit événement. Les portions arrivaient roulées dans un petit chariot de fer à quatre roues, traîné par une fille de salle « aux tétons énormes, à l'œil vif », à laquelle tout le monde faisait la cour, dans le but peu platonique d'en obtenir un surcroît de portions.

Verlaine n'était pas le dernier à adresser à la jeune personne des compliments subtilement tournés, et pourtant si directs parfois, qu'elle n'y trouvait d'autre réponse que de devenir aussi rouge qu'une pivoine.

Cependant, comme elle le disait, elle aimait bien
« ces messieurs » de la salle Lasègue ; on voyait que
c'était du « monde bien », un peu farceur mais tout
de même si gentil !... Il y eut même, à certains moments, des échanges de volumes entre mesdemoiselles
les infirmières et Paul Verlaine, dont la bibliothèque,
et aussi, d'ailleurs, la cave, tenaient dans sa table
de nuit.

Une d'elles, qui lui avait emprunté les *Mémoires
d'un Veuf*, crut faire plaisir à Verlaine en lui appor-
tant, en échange, dans le plus grand mystère, un
traité des maladies sexuelles, copieusement orné
d'illustrations ityphalliques d'un coloris barbare.

Paul Verlaine, pour ne pas vexer la jeune femme,
la remercia chaleureusement, tout en insinuant que,
malgré la beauté du coloris et la finesse du papier,
la nature — vraiment nature — était certainement
plus belle. Mais, comme il soulignait son apprécia-
tion sur le velouté du papier par un geste effleurant
vers les joues de son interlocutrice, elle se retira,
rougissante et un peu scandalisée, mais sans cesser
de sourire.

— C'est une brave fille, dit-il, quand elle fut partie. Ses intentions sont excellentes. Pourtant, je
ne ferais pas mon livre de chevet de ce volume. C'est,

en somme, du sous-Ricord, illustré par des Peaux-Rouges en goguette.

Verlaine profita d'ailleurs de son séjour à l'hôpital pour lire beaucoup de livres de médecine. Mais, à ces lectures, il prit une fort mauvaise opinion de la science moderne.

— Ces « médicastres », disait-il en parlant des médecins, n'arrivent jamais à donner une conclusion en quoi que ce soit. Ce sont d'étonnants ramasseurs de mégots, de bouts de faits, auxquels il manque toute méthode philosophique. Ils n'ont pas d'idées générales. Faute de la logique souveraine qui enchaînerait tout leur système, ils divaguent !... Et il n'y a qu'à ouvrir de vieux livres de médecine, pour retrouver des tas de découvertes perdues, servies toutes chaudes comme des nouveautés.

Il concluait :

— Çà n'a pas changé depuis Molière... Les médecins sont autant de Fagon, un peu plus mal habillés, mais pas plus amusants, et tout aussi pédants et tout aussi pontifes.

Ces discussions, parfois d'allure transcendentale, avaient généralement lieu pendant le déjeuner. La salle Lasègue présentait alors un spectacle animé et pittoresque, avec ses lits bien blancs, son parquet de chêne ciré et son gros poêle bourré de charbon,

qui faisait entendre un ronronnement endormeur et
béatifique.

A part deux ou trois malades qui n'avaient pu
quitter leur lit, chacun disposait son couvert sur sa
table de nuit; et les massives assiettes de terre de
fer, les carafons de gros vin du Midi, les verres épais
marqués « A. P. » jetaient quand même une lueur
de gaieté dans cette atmosphère de douleur.

Le sifflement perpétuel des trains de Ceinture
apportait aussi sa note de vie trépidante et bruyante
dans le silence coutumier.

La chère était, on s'en doute, peu somptueuse.
Le bouilli classique, le veau délavé par de longues
cuissons, les haricots inévitables constituaient un
menu presque invariable. Le vendredi seulement,
les harengs frais à la sauce moutarde et le colin
démocratique en venaient rompre la monotonie.

D'ailleurs, entre les malades, poètes ou non —
comme chez les sauvages — il y avait des échanges
en nature. On entendait des propos de ce genre?

— Qui veut de la *barbaque*? (1)

— On sait bien c'que c'est que la faim !

— Tiens, v'là mon *pive*, pass'moi du *perlot*...

(1) ***Barbaque***. Morue; de l'espagnol *barbacoa*. Ce mot existait déjà
dans l'argot des flibustiers des Antilles. --- *Pive, Pivois*, vin --- *Perlot*,
tabac.

Les diabétiques troquaient volontiers les petits gâteaux ou les figues sèches du dessert, contre la salade de leur voisin. Les herpétiques cédaient leur poisson à bon compte ; mais le vin faisait prime sur le marché.

Quelquefois, des discussions se produisaient au cours de ces marchés. Verlaine, alors, était toujours pris pour arbitre. Suivant son expression, il se « ceignait de son auréole » (c'est-à-dire qu'il se coiffait de son bonnet de coton), assurait son lorgnon, et prononçait son verdict aussi équitablement que l'eussent pu faire Minos, Eaque et Rhadamante.

Son autorité de juge en ces matières était telle, que personne ne s'avisait de réclamer lorsqu'il avait rendu son arrêt.

D'ailleurs, il avait des façons à lui de consoler celui qui se trouvait lésé dans l'affaire. Il offrait au plaideur malheureux, soit une cigarette à bout doré — présent de quelque admiratrice — soit un verre de certain rhum tiré des profondeurs mystérieuses de sa table de nuit.

Mais déjà, le retentissement du chariot de fer dans les couloirs sonores annonçait que l'heure fixée pour le repas s'était écoulée. Les retardataires mettaient les bouchées doubles ; et, bientôt, les infirmières venaient enlever la desserte, non sans essuyer le feu de quelques grivoiseries auxquelles elles répondaient bravement.

Certains malades ne se faisaient pas faute de demander, par exemple, si le grain de beauté que Mlle Y... avait à la joue ne se trouvait pas, par hasard, répété dans quelque autre endroit de sa personne. D'autres s'enquéraient avec une sollicitude hypocrite quelle était celle de ces demoiselles qui avait la chambre la plus grande et qui eût pu loger le mieux son amoureux.

— Vous savez bien, répondait l'interpellée en rougissant un peu, que toutes nos chambres sont pareilles.

Verlaine s'amusait comme un enfant de ces menues polissonneries qui, somme toute, ne faisaient de tort à personne ; et il avait l'art de donner un tour spirituel aux plaisanteries, souvent osées, qu'il se permettait parfois lui-même dans cette circonstance.

— Je commence à croire, disait-il un jour, que les poètes ont bel et bien été créés et mis au monde pour habiter l'hôpital. Ils s'y trouvent à merveille et ils manqueraient à tout le monde s'ils n'y étaient pas.

Les hôtes occasionnels de la salle Lasègue convenaient en eux-mêmes que Verlaine, avec sa gaité communicative et sa bonté, était un redoutable ennemi de l'hypocondrie, de la douleur et de la tristesse; qu'il était — comme le docteur Chauffard l'avoua un jour — un précieux auxiliaire des médecins pour hâter les guérisons et relever le moral des malades.

Le déjeuner terminé, Verlaine bourrait sa pipe, allait faire une seconde promenade sous les galeries de bois, et terminait la lecture de ses périodiques.

— Je lis tout, disait-il, depuis la politique jusqu'aux faits divers, jusqu'aux annonces... Je suis le modèle de l'abonné gobeur; et, si j'avais de l'argent, presque gogo.

Souvent aussi, surtout les jours de pluie, il gardait la chambre pour y lire quelque volume emprunté à la bibliothèque de l'hôpital. Il se délectait surtout à la lecture des romans de cape et d'épée du père Dumas. Il professait un égal dédain pour les œuvres de Paul de Kock et celles de Paul Bourget auxquelles il préférait de beaucoup *les Trois Mousquetaires* et *Monte-Cristo*.

Mais trois heures approchaient; les visiteurs allaient accourir. Verlaine se hâtait de prendre quelques dispositions pour les mieux accueillir.

Remarquons-le en passant : dans tous les hôpitaux où il séjourna, le poète, par une faveur très

explicable, mais qui fit en maintes occasions des
envieux, eut la permission de recevoir ses amis

VERLAINE ET MARIE KRYSINSKA

chaque jour de la semaine, tandis que les malades
ordinaires n'ont l'autorisation de voir leurs parents
que le jeudi et le dimanche.

Tout le Paris littéraire et intellectuel s'est succédé
au chevet de Verlaine. Pour les plus cérémonieux
des visiteurs les infirmières apportaient complaisamment des chaises, de massives chaises de paille
au siège si rude qu'à travers la soie des jupes, maints
délicats séants de poétesses ou de mondaines s'en
trouvèrent offensés. Les amis un peu plus intimes
prenaient place sur ces tables de nuit basses, lourdes
et trapues, dont l'Assistance publique détient le
modèle exclusif, les autres étaient autorisés à s'asseoir sur le lit.

Au total c'était, sur une surface de quelque six
pieds carrés, un véritable salon qui réunit parfois
les gloires les plus disparates. On y put voir Anatole
France, Maurice Barrès, Mme Rachilde, M. de Montesquiou, Paterne Berrichon, J.-K. Huysmans (1),
Gabriel Vicaire, Marie Krysinska, sans compter la
cohue des petits poètes, des simples camarades dont

(1) Voici une lettre de Huysmans à Verlaine alors à l'hôpital :

[27 septembre 1889.]

« MON CHER AMI,

« Je vois avec plaisir que votre jambe se robore. — Les reliques de
saint Ganymède, l'antique, sont omnipotentes, peut-être — car il
me semble qu'il serait juste de tirer cet éphèbe du paganisme et de
le ramener dans le sein d'une religion qui survit, malgré l'ignominie
de ses dévots.

« Pour l'imprimeur à crédit dont vous me parlez — cela me semble malaisé, ou du moins il faudrait être l'ami de l'un de ces indus-

la profession n'avait que des rapports lointains avec la littérature (1).

Certains de ces visiteurs poussaient l'enthousiasme et l'admiration jusqu'au fanatisme. Nous n'oublierons jamais avoir vu Francis Poictevin s'agenouiller pieusement au pied du lit de Verlaine et lui baiser la main : « Maître !... Cher Maître !... »

Le poète très correct (2) sous sa houppelande

triels. Et je n'en connais mie ! ! Je ne puis donc vous aider de ce côté-là. C'est, vous le savez, toujours bien chançard que de faire les frais d'un livre. On se heurte, d'habitude, à un tas de déboires et d'ennuis. — Et l'on rentre difficilement, surtout, dans ses frais.

« Enfin, voyez !

« Rien de neuf depuis mon retour. Je suis retourné dans l'affreuse boite qui me lamine la vie, ce qui vous explique que, n'étant libre que le soir, il m'est difficile de vous voir dans l'habitacle officiel où vous logez.

« A bientôt, mon cher Verlaine et bien à vous.

« J.-K. HUYSMANS. »

(1) Il ne faudrait pas pourtant exagérer. « A l'hôpital, osait écrire un journaliste M. Caribert, à l'heure des repas, accouraient de tous les coins de la Bohème des inconnus qui piquaient dans son assiette sa ration de malade, l'emportaient et disparaissaient sans qu'on les revît plus — qu'au repas suivant. » Les Caribert n'étaient pas de ceux qui visitaient Verlaine. M. Caribert (*alias* Montorgueil) a eu le tort de prendre à la lettre le couplet de la chanson alors en vogue dans les milieux verlainiens :

> Si vous êtes, à l'hôpital,
> Couché par un terrible mal,
> Vous désespérez comm'sœur Anne...
> N'vous croyez pas abandonné :
> Vos amis, quand ils s'ront pannés,
> Viendront boire votre tisane !

(2) Le grand écrivain qu'est Pierre Louys a récemment publié

bleue faisait les présentations et la conversation s'engageait, inattendue et capricante, passant sans transition du grave au doux et du plaisant au sévère.

Les dames les plus charmantes ne manquaient point à ces réceptions. Leurs robes de couleurs vives et leurs vastes chapeaux à plumages mettaient une note claire dans la tranquillité grise de la salle d'hôpital.

dans *Vers et Prose* le récit d'une visite faite à Verlaine à l'hôpital Broussais en 1890, en compagnie d'André Gide. Le ton de cet article est plein de sincérité et d'émotion. Son auteur s'est évidemment efforcé de retracer aussi exactement que possible les paroles du poète et ses propres impressions. Nous ne le contredisons que sur un seul point.

...Un visage socratique à un point inouï (dit-il). *Des yeux de faune, très obliques, un front énorme, une barbe inculte, longue, poussant jusque sous les yeux, mais très rare sur le menton; voilà ce qui me frappa tout d'abord.*

Puis je regardai tout autour, quelle misère ! Sur un lit de fer des draps grossiers et sales et au fond, adossé sur un oreiller presque vide et lisant l'Intransigeant, il avait sur la tête un bonnet de coton pâle d'où tombaient sur un gros cou des mèches droites de cheveux gris et sur le corps une chemise en grosse toile marquée de majuscules noires : HOPITAL BROUSSAIS...

Pierre Louys, très jeune alors, et sous l'impression du triste décor d'une salle d'hôpital, a, quelque peu, forcé la note. Il suffit de se reporter aux photographies et aux portraits du poète en 1890, pour constater qu'à cette époque Verlaine n'avait point la mine décrépite que lui prête, un peu gratuitement, l'auteur d'*Aphrodite*; il conservait encore beaucoup de verdeur et sa physionomie demeurait majestueuse en dépit de la maladie. Sa barbe n'était *ni poussée jusque sous les yeux, ni très rare sur le menton*. Autre inexactitude, tout le monde sait qu'à l'hôpital, le linge est rude et grossier, mais jamais sale. La nécessité de l'antisepsie fait de la propreté une loi rigoureuse. Pierre Louys n'a pu voir un malade — et Verlaine moins que tout autre — couché dans des draps sales.

— C'est, disait Verlaine, la grosse caisse et les cymbales au milieu d'un oratorio... Et parmi ces cymbales, il y en a qui ont de bonnes *balles*; et parmi ces caisses, il y en a qui sont suffisamment grosses, en outre !

C'était, à de certains jours, tout un bizarre printemps qui s'épanouissait... Les senteurs moroses du phénol et de l'iodoforme étaient forcées de battre en retraite devant l'impérieuse fragrance du foin coupé, du corylopsis du Japon — « de jupon », disait Verlaine — du new-moon-hay, et d'autres parfums capiteux alors à la mode.

Suivant la tradition, ces charitables dames apportaient au poète malade quelques présents : les plus riches, un sac de fondants, un volume récemment paru ou quelque fastueux bouquet de fleurs rares; les plus pauvres, deux sous de violettes, un paquet de tabac, ou une couple de belles oranges.

Une dame américaine que, si nous ne nous trompons, lui avait amenée Anatole France, lui offrit un jour une gerbe de fabuleuses orchidées. Le poète embarrassé d'un si royal présent, ne trouva rien de mieux que de rincer son urinal et de l'emplir de belle eau claire, faute d'un meilleur porte-bouquet. Le lendemain matin, il en fit présent à la surveillante enchantée de ce cadeau.

C'était d'ailleurs aux infirmières qu'il avait coutume de distribuer les fondants et les autres friandises qu'on lui apportait. Il ne gardait pour lui que le chocolat qu'il affirmait être un excellent stomachique, et les oranges qui lui étaient une grande ressource contre la fièvre des insomnies. Quant au tabac, il en faisait assez libéralement part à ses voisins.

Mais il y avait d'autres présents, dont nous n'avons pas encore parlé, et dont le poète se montrait plus parcimonieux. Souvent un vieux camarade de bohème, ou un jeune et fervent disciple, lui glissait subrepticement, au moment de la poignée de main d'adieu, quelque minuscule flacon de l'odieuse et chère liqueur, de cette absinthe trop adorée.

En dépit des ordonnances des médecins, il eût fallu être un saint pour refuser un tel cadeau. Aussi, Verlaine acceptait-il les petits flacons avec un sourire de gratitude.

Un à un, les visiteurs se retiraient, chargés, la plupart du temps, de cent commissions pour les éditeurs ou les journaux. Les chaises de grosse paille et les tables de nuit reprenaient leurs places respectives. Le silence régnait de nouveau dans la salle aux hautes murailles blanches.

Alors, quand il se trouvait un peu mieux, que, le matin, le bon docteur Chauffard ne s'était pas montré trop pessimiste, Verlaine, avec un soupir qui ressemblait à un remords, prenait d'un air de mystère une des fioles, et se faisait une « toute petite » absinthe. Si, par hasard, quelqu'un de ses amis habitait alors la salle Lasègue, il l'invitait à partager le vert breuvage.

Mais cela ne se passait pas sans une petite comédie.

Le poète feignait de regarder l'espace compris entre son lit et sa table de nuit comme la terrasse d'un café somptueux. La salle — dans son imagination — devenait un boulevard très fréquenté.

— Quelle bonne surprise ! faisait-il à l'invité... D'où sortez-vous? on ne vous voit jamais !... Ah ! mon ami, comme vous vous faites rare !... Mais, nous allons marquer ce jour d'une pierre... *bleue !...* Voyons vous n'allez pas me faire l'affront de me refuser ! Je connais, tout près d'ici, un petit café où l'on est fort bien. Les consommations y sont de premier choix, et le patron est de mes amis.

Comment résister à une invitation si pressante ?... L'instant d'après, le poète et son commensal dégustaient gravement « le lait de la muse verte », tout en tenant mille propos joyeux, principalement

de ceux que Rabelais qualifiait de propos de « haulte
gresse ».

Le moment était propice, on avait une bonne
heure devant soi. Vers ces fins d'après-midi, infirmières et surveillantes ne paraissaient guère. Les
unes se livraient à quelque distraction; les autres
étaient retenues ailleurs par leurs devoirs professionnels. Donc, pas de danger d'être surpris.

Quant aux malades de cette salle, ils aimaient et
respectaient trop Verlaine, pour commettre la félo-
nie d'une dénonciation.

Celui qui se serait rendu coupable d'une pareille
forfaiture eût été mis à l'index et « boycotté »
comme un simple « renard » (dirait-on aujourd'hui)
et peut-être assommé à coups d'urinal.

Mais l'heure passait rapide comme toutes les
heures heureuses. Le poète se hâtait de boire les
dernières gorgées, pour n'être pas surpris par la
surveillante, dont le nez rose avait une délicatesse de
flair toute professionnelle pour subodorer le parfum
délictueux du pernod.

Le moment du dîner approchait. Alors, derechef,
on entendait le roulement de la petite voiture de
fer, et le même cérémonial que pour le déjeuner se
reproduisait.

Le menu de ce repas du soir n'était pas plus varié

que celui du matin : une soupe, un plat de viande, des légumes, un dessert et le petit carafon de vin. C'était l'heure où les favorisés dégustaient, suivant leur mal, qui le quinquina, qui ce précieux tod au rhum, objet de tant de jalousies.

Une courte récréation suivait le dîner. Mais, avant six heures, il fallait que tout le monde fût couché. Infirmières et surveillantes étaient intraitables sur ce point. Cependant Verlaine avait fini par obtenir un privilège qui paraissait, à certains, exorbitant. A condition qu'il n'y eût pas dans la salle Lasègue de malade trop gravement atteint, on lui permettait de tenir allumée une petite lampe à pétrole, et de lire ou d'écrire dans son lit.

Cette faveur était pour le poète d'un prix inestimable. Surtout dans les dernières années de sa vie, Verlaine ne dormait pas, ou presque pas. Son cerveau, surexcité, était sans cesse en fermentation.

C'est dans le silence de ces nuits d'hôpital, coupées par le sifflement déchirant des locomotives et parfois aussi par le râle des mourants, que Verlaine a écrit les plus beaux poèmes de « Bonheur », d'« Amour» et des « Liturgies intimes ».

Il dit lui-même :

Ici, je fais des vers, de la prose et de tout.

Et dans la même pièce :

> Je vis à l'hôpital comme un bénédictin
> Des vrais bons temps, faisant mon salut en latin,
> Docte, pieux, ça va de soi, mais plutôt, dame,
> Docte.

Certains jours, Verlaine convenait avec bonne grâce qu'il se fût volontiers résigné à passer toute sa vie dans un hôpital — moyennant, toutefois, certains adoucissements à la sévérité du régime — comme, par exemple, le droit d'avoir une chambre à lui, et de porter d'autres vêtements que « cette capote de foireux qui, toute pittoresque qu'elle soit, est ridicule ».

Malgré ses bonnes intentions, certainement très sincères, Verlaine n'était pas dans ces « hosteaux » depuis quinze jours, que l'ennui le prenait.

Qu'il fît une belle journée de soleil, ou simplement que le temps fût clair, et il se sentait, en dépit de sa jambe calamiteuse, de folles envies de rendre sa pancarte à la surveillante, et de demander son *exeat*.

Souvent, après y avoir réfléchi sérieusement, il renonçait à ce projet de fugue; mais, quelquefois aussi, il lui arrivait d'user de ruse pour satisfaire son envie.

Avec une éloquence persuasive, il expliquait au docteur Chauffard qu'il était urgent qu'il sortît au moins une heure ou deux. C'était, soit un traité à signer avec l'éditeur Vanier, soit « quelques ors à récupérer dans de vagues journaux », soit enfin des visites importantes à faire.

Le docteur Chauffard n'était pas dupe, et retenait à grand'peine un sourire. Mais il finissait toujours par céder, non sans avoir fait promettre solennellement au poète d'être raisonnable, de ne pas trop boire, et surtout d'être exactement de retour pour la soupe de quatre heures.

Verlaine promettait tout ce qu'on voulait ; et, très sincèrement, il expliquait au docteur que si, par malchance, il était obligé d'entrer dans un café, il se contenterait de commander une grenadine, un orgeat, un lait, une gomme chaude, ou telle autre consommation bénévole.

Son éloquence et sa conviction étaient telles qu'il finissait par persuader le docteur. Bref, la permission était accordée.

Un quart d'heure après, on voyait un Verlaine rajeuni, le feutre sur l'oreille, la cravate à la Colin élégamment nouée, passer fièrement devant la loge du concierge, et descendre la rue Didot en boitillant avec allégresse. Jamais collégien, lâché dans Paris un jour de sortie, ne fut plus heureux et plus aise que Verlaine à chacune de ces escapades.

Histoire de n'en pas perdre l'habitude, il souriait aux jolies femmes, arborait une fleur à sa boutonnière; et les paisibles habitants du quartier de Plaisance étaient étonnés des allures conquérantes de ce bizarre vieux monsieur, qui traînait un peu la jambe, mais dont le regard et la prestance étaient demeurés si jeunes.

Malheureusement, Paul Verlaine n'avait pas tourné le coin de la première rue, qu'il éprouvait le besoin de se désaltérer. Il entrait donc chez le premier mastroquet venu; et ce n'était, hélas! ni un orgeat, ni une gomme chaude qu'il se faisait servir, mais presque toujours une de ces troubles et fuligineuses absinthes, que Raoul Ponchon, avec un rare bonheur d'expression, a comparées à de la purée de pois.

Ayant absorbé son breuvage, le poète se remettait en route, non plus simplement allègre et fier, mais presque arrogant.

Comme ces jours-là Verlaine « avait quelques argents » il se payait une voiture jusqu'au quartier Latin (1); et, tout naturellement, il descendait au café François Ier, où il était sûr de rencontrer des amis.

(1) A cause de son mal de jambe, Verlaine ne prenait jamais de tramway ni d'omnibus.

On buvait, on s'échauffait à causer, ce qui nécessitait un renouvellement des consommations.

L'après-midi s'écoulait souvent sans que le poète eût songé à faire aucune des courses importantes, qui avaient été le prétexte de sa sortie.

C'est à quatre heures seulement que Verlaine s'avisait qu'il serait temps, peut-être, de regagner l'hôpital. Puis, il réfléchissait qu'après tout — qu'il fût en retard d'une heure ou de deux ou de trois — il n'en serait pas moins semoncé par le docteur. Et il restait !....

Il est sans exemple que, dans une de ses sorties, Verlaine soit rentré quand il le devait. Lorsqu'il voyait sept heures approcher, un remords le prenait ; et il faisait héler précipitamment une voiture par un des garçons du café. Mais il n'avait pas toujours de l'argent dans sa poche. Dans ces cas-là c'était un vrai désastre : le poète devait se mettre en route à pied et il n'atteignait son hôpital qu'à des heures invraisemblables. Nous avons gardé le souvenir d'une de ces escapades.

Depuis quelques jours, Cazals se trouvait en traitement salle Lasègue, en même temps que Verlaine. Par une coïncidence assez rare, les deux amis avaient, chacun de son côté, une certaine somme à toucher, qui pour ses dessins, qui pour ses poèmes. On ne pouvait laisser échapper une si belle occasion d'aller faire un peu la fête au Quartier.

Une sortie fut donc complotée. Les prétextes en étaient si plausibles que le docteur Chauffard ne fit pas la moindre observation. Dès neuf heures, donc, Verlaine et Cazals débarquaient sur le boulevard Saint-Michel; et, après avoir touché en hâte leur pécune, se mettaient en devoir de passer la journée le plus joyeusement possible. Après avoir pris un apéritif sérieux au café François Ier avec Gabriel Vicaire, prévenu dès la veille, et Jean Moréas, près de regagner à cette heure matinale son affectionné Montrouge, nos deux amis s'en furent déjeuner chez Vachette, où ne tardèrent pas à les rejoindre, à l'heure du café, deux admirateurs du poète, Lucien Hubert, aujourd'hui sénateur des Ardennes, l'auteur, alors, d'amusantes plaquettes publiées chez Vanier, et José Théry, l'éminent jurisconsulte du *Mercure de France*. « Il n'est si bonne compagnie qui ne se quitte, dit Verlaine en allumant un énorme londrès, j'ai à visiter certaine dame et Cazals doit aller faire pour moi, dans les journaux, des courses qui urgent!...» Les deux amis se séparèrent pour se retrouver vers quatre heures à la terrasse du François Ier.

Malheureusement les démarches dont Cazals

s'était chargé n'avaient pas eu le succès espéré. Lorsque celui-ci arriva — avec une heure de retard — au rendez-vous fixé, Verlaine, impatient, nerveux, se montra exaspéré de la déconvenue et déclara tout net qu'il ne voulait pas rentrer. Cazals eut toutes les peines du monde à lui persuader qu'il serait très mal d'abuser de l'*exeat* du docteur Chauffard. Verlaine finit par en convenir, mais il décida que, par économie, on rentrerait à pied.

Les deux amis se mirent en route... Ils n'étaient pas arrivés à la hauteur du bal Bullier qu'une averse les obligea de chercher asile au café de la Closerie des Lilas. Ne fallait-il pas laisser à la pluie le temps de tomber, et prendre des forces pour la route?

Après une halte d'une demi-heure, nouveau départ. Mais, bientôt, hélas! recrudescence de la pluie!... Verlaine et son compagnon, tout en s'adressant de mutuels et véhéments reproches, n'eurent que le temps de se réfugier dans une petite brasserie qui existait alors à l'angle de la rue Denfert-Rochereau et de l'avenue de l'Observatoire, et qui était tenue par un vieil alsacien.

En sa qualité de messin, Verlaine crut devoir fraterniser avec le patron. Une nouvelle demi-heure s'écoula, le plus agréablement du monde. Et comme Cazals insistait pour partir, Verlaine fit remarquer que l'on se rapprochait de l'hôpital « lentement mais sûrement ». Cette fois, les deux amis, à la faveur d'une éclaircie parvinrent à atteindre le Lion de Belfort, où une nouvelle averse les contraignit à une troisième halte.

Ce retour, coupé de pluies intermittentes et de stations dans les cafés, devenait de plus en plus pénible. Verlaine déclara même un moment, « qu'il ne-ren-tre-rait-pas » !

— S'il n'en rentre qu'un je serai donc celui-là ! fit l'autre, en faisant mine d'abandonner Verlaine. Bravant alors la pluie, le poète et son compagnon franchirent les sombres solitudes de la rue d'Alésia et de la rue Didot. Il était huit heures passées quand ils atteignirent, enfin, l'hôpital Broussais.

Le concierge attendait d'un air goguenard nos malades retardataires qui, pour comble, lui paraissaient quelque peu gris : il leur refusa catégoriquement la porte. Il fallut de longs pourparlers pour fléchir le cerbère administratif qui, en somme, n'avait pas tout à fait tort. Les deux coupables, en faisant le moins de bruit possible, s'allèrent blottir furtivement dans leurs lits; et Verlaine, pour faire oublier cette équipée, se montra les jours suivants d'une docilité édifiante envers le Règlement. L'aventure d'ailleurs ne se renouvela pas de longtemps.

Nous n'avons fait jusqu'ici que montrer les beaux
côtés de la vie d'hôpital, les détails pittoresques qui
amusaient le grand enfant qu'était demeuré Verlaine.

Il nous reste à présent à parler de ces heures
sombres où, sous les assauts du désespoir, de la
maladie et de l'ennui, le courage pourtant robuste
du vieux poète faillit bien des fois sombrer.

Des semaines entières, Paul Verlaine dut demeurer dans son lit, en proie à de terribles souffrances,
qui ne lui permettaient ni de lire, ni d'écrire, ni de se
lever.

Alors, sauf quelques amis fidèles, les visiteurs se
faisaient rares. Les curieux, les reporters, les dames
élégantes étaient ravis, quand Verlaine allait à peu
près bien, d'approcher un homme illustre qui semblait à peine malade, et qui montrait la même gaîté
que lorsqu'il était bien portant.

Ses conversations, remplies de charmantes anecdotes et d'heureuses trouvailles d'expression four-
nissaient aux journalistes de la bonne copie gra-
tuite, et aux mondains d'agréables thèmes de
conversation. Pour les uns, comme pour les autres,
c'était une vraie partie de plaisir que de se rendre
à la salle Lasègue, comme on se rend dans quelque
musée anatomique, s'estomirer devant une jeune

fille à deux têtes, un veau à cinq pattes ou quelque autre merveille tératologique.

Mais quand, au lieu du causeur enjoué, on ne se trouvait plus en présence que d'un vieil homme souffrant, épuisé par les cruelles insomnies, réduit au silence par la maladie, ceux qui n'étaient pas vraiment ses amis s'enfuyaient vite, et ne revenaient plus que lorsque les chroniques boulevardières leur apprenaient que Verlaine allait mieux.

Dans ces jours de souffrance et d'abandon, Verlaine éprouvait encore un surcroît de tourments. Ses deux avides maîtresses, Philomène B... (dite : Esther) et Eugénie Krantz se succédaient à son chevet, furieuses de voir que le poète ne pouvait plus travailler, et qu'il ne pourrait plus, par conséquent, leur donner d'argent. Se figurant qu'elles hâteraient ainsi la guérison du poète, elles se faisaient les porte-parole de l'éditeur, que tout retard impatientait... Monsieur Vanier n'était pas content. Il avait fait des avances. Il n'entendait pas être pris pour dupe. Et il savait bien, qu'au fond, Verlaine n'était pas aussi malade qu'il voulait bien le dire ! C'était un paresseux et un ivrogne, qui décourageait tous les dévouements !...

Le vieux poète, tordu par la souffrance, n'avait quelquefois même pas la force de répondre aux invectives des deux furies. A un moment donné, il en vint à leur faire interdire complètement l'entrée de la salle Lasègue, en suppliant qu'on le laissât au moins « crever » tranquille !

Les deux femmes, alors, ne pouvant venir, écrivaient des lettres tantôt suppliantes, et tantôt furieuses, qui mettaient le pauvre malade hors de lui.

La pièce suivante a été écrite dans un de ces moments de douloureuse colère.

A F.-A. CAZALS

(*Derniers jours de juin* 1893.)

Ils avaient escompté ma mort
Qui n'arrivait pas assez vite.
O pour quel vil et sale effort
Ils avaient escompté ma mort,
Essayant de te salir, fort
De mon amitié point en fuite !
Ils avaient escompté ma mort
Qui n'arrivait pas assez vite.

Même elle a fait faux bond, ma mort,
A tel type, à telle drôlesse
Près de mon lit, rués au bord,
Même elle a fait faux bond, ma mort.
J'allais de tribord à babord,
Mais je vis : c'est le point qui blesse.
Même elle a fait faux bond, ma mort,
A tel type, à telle drôlesse.

> Mon Cazals, tu sais qu'en dépit
> De tout, je t'aime mieux qu'un frère;
> Cette amitié-là, sans répit
> Ni trêve ou crédit ou débit,
> Elle est au cœur qui la fourbit
> S'il le faut en arme de guerre.
> Mon Cazals, tu sais qu'en dépit
> De tout, je t'aime mieux qu'un frère.

Verlaine n'éprouvait pas seulement d'ennuis que du côté de ses deux maîtresses vénales.

Dans l'intérieur même de l'hôpital, il était parfois en butte à toute sorte de persécutions et de tracasseries. Certains malades se montraient jaloux de la protection ouverte que lui accordait le docteur Chauffard.

— Quand on est un homme si épatant, disait rageusement un souteneur qui était venu soigner sa syphilis et prendre ses quartiers d'hiver à Broussais, on ne vient pas *crêcher* à l'hôpital et prendre la place des pauvres bougres... S'il avait su se débrouiller, il n'en serait pas là !

On peut juger, par ce simple échantillon, des humiliations qui accablaient parfois le vieux poète. Il retombait alors dans les chaines de l'alcool, et dans les griffes rapaces des deux femmes qui l'exploitaient.

Incapable de garder de l'argent, et même d'en gagner suffisamment, il ne tardait pas à être de nouveau en proie à un découragement et à une lassitude infinis. Et il lui arrivait de s'écrier, comme le stoïcien de l'antiquité :

— Qu'on me ramène aux carrières !...

Les carrières, pour lui, c'était l'hôpital.

L'idéal, pour le poète meurtri, c'eût été un hôpital un peu plus confortable, et surtout exempt des atroces promiscuités.

Souvent il faisait allusion à cette chartreuse rêvée où, loin des femmes et des tavernes, il eût eu la facilité de se reposer et de travailler à sa guise, tout en étant convenablement soigné.

En 1892, un peu après son voyage en Hollande, il s'avisa, pour réaliser ce *desideratum*, du plus étrange des stratagèmes.

On le vit brusquement abandonner ses cafés habituels et se livrer en public à toutes sortes d'extravagances. Par exemple, il prononçait à haute voix des phrases incohérentes; il frappait bruyamment le pavé de sa canne, fronçant les sourcils et jetant sur ceux qui l'entouraient des regards farouches. Il lui arriva même de casser exprès des verres dans les cafés :

— Moi aussi, j'ai brisé le verre (1), en outre ! grommelait-il d'un air sombre.

Les « bons amis » — et Verlaine n'en manquait point — ne laissèrent pas échapper cette occasion de s'apitoyer hypocritement sur le sort du maître.

— Ça y est ! disaient-ils d'un ton confidentiel..• C'est la fin ! La tête n'y est plus ! Il déménage !... Nous l'avions bien prévu !... Quel malheur ! un si beau génie !...

Ces charitables personnes se trompaient du tout au tout. Seuls, quelques intimes connaissaient le secret de cette attitude — car ce n'était là qu'une attitude. Fatigué des luttes quotidiennes avec des « gens »... éditeurs parcimonieux et rusés, maîtresses peu fidèles et cupides, amis ingrats ; dégoûté aussi de la malodorante promiscuité des salles d'hôpital, Verlaine avait résolu d'en finir une fois pour toutes avec ses ennuis.

Sans aller jusqu'à ambitionner encore ce « meilleur des châteaux » dont il avait naguère regretté, avec quelle mélancolie, la paix profonde, il s'était souvenu qu'il existe en France une retraite à laquelle personne n'aspire, une sinécure que ne postule aucun

-----

(1) Allusion à une discussion avec Moréas sur le vers libre.

budgétivore. Sa malice naturelle lui avait inspiré une géniale trouvaille; et il s'était dit :

— J'aurai une place de fou !... le tout est de la mériter !

Confidents de cette résolution pour le moins étrange, nous lui marquâmes notre étonnement. Il eut un clignement d'yeux ironique.

— Une place de fou, prononça-t-il, ce n'est pas ce qu'un vain peuple pense... Il n'est question, bien entendu, dans mon idée, ni de la douche, ni de la camisole de force !... La douche, passe encore... Chauffard n'en est point chiche à mon égard !... Mais, la camisole... Non, je veux être un fou paisible et bien noté, un fou raisonnable enfin... et bran pour Max Nordau !

Nous commencions à comprendre.

— La chose ira toute seule, poursuivit-il, avec un sourire bonhomme... Grâce à mes relations l'affaire ne traînera pas. J'aurai bientôt en poche ma nomination... Et, après quelques fallacieuses manifestations bien réussies de dérangement cérébral, avant-coureur du coup de marteau final et fatal, je serai assez vite promu locataire d'un joli cabanon bien aéré, donnant sur les parterres si joliment entretenus par les déments officiels préposés au jardinage d'iceux.

Et il nous détailla complaisamment les nombreux avantages de l'emploi rêvé : repos absolu, soins éclairés, hydrothérapie confortable, éditeurs mal payants et maîtresses irascibles consignés rigoureusement à la porte. Et quelle facilité pour le travail ! Sans compter la conversation avec certains hôtes de marque, Napoléon Ier, Fénelon, Jésus-Christ... et autres fous amusants et baroques.

— Socrate n'ambitionnait qu'une petite maison remplie d'amis fidèles, disait Verlaine ; j'aurai donc moi aussi mes petites maisons, où j'espère bien que mes vrais amis ne m'oublieront pas.

Paul Verlaine était convaincu qu'à une certaine époque, Villiers de l'Isle-Adam avait joué, chez un grand aliéniste, le rôle du *fou guéri*, que l'on montre aux visiteurs pour prouver l'excellence de la méthode de traitement. C'est peut-être ce qui lui avait fourni son idée.

Cet original projet aurait pu réussir. Mais la patience et la dissimulation nécessaires firent défaut à Verlaine. Il se lassa de jouer une comédie dont les résultats se faisaient trop attendre.

— Je suis décidément, nous dit-il un jour, un fou méconnu... J'ai beau laisser impayées soucoupes sur soucoupes, on ne veut pas ne pas me prendre au sérieux !

Il ajouta avec une nuance de regret :

— C'eût été pourtant charmant !... Et quel beau titre à faire graver sur le vélin d'une carte de visite :

PAUL VERLAINE

FOU

Asile Sainte-Anne. Paris.

Mais je n'ai jamais eu de chance... Je suis un poète maudit !

Quelques jours après, de nouveau harcelé par la maladie et le dénuement, il retournait à l'hôpital.

CHAPITRE III

LES DERNIÈRES MAITRESSES

Beaucoup de critiques ont déjà donné des détails indiscrets sur les dernières maîtresses de Paul Verlaine. Ainsi que le dit Edmond Lepelletier, elles appartenaient, il faut bien en convenir, à la basse galanterie du Quartier Latin.

Il ne faudrait pas pourtant s'exagérer à plaisir le côté ignominieux et triste de ces liaisons; Verlaine le reconnaissait lui-même avec une douloureuse mélancolie, les maîtresses qu'il eut durant les dernières années de sa vie étaient indignes de lui.

Mais, n'est-ce pas servir la gloire du génial poète que de dire toute la vérité sur ce pénible sujet? Ce sera peut-être ainsi couper court aux insinuations à la fois vagues et perfides et aux hypocrites lamentations.

En comprenant mieux les motifs qui faisaient agir Verlaine, on se rendra compte d'une chose, c'est qu'il ne pouvait agir autrement qu'il n'a fait.

Vivant en hôtel garni, cloué sur son lit par la maladie, et parfois abandonné de tous, Verlaine était obligé d'accueillir avec reconnaissance les petits services que lui rendaient ses voisines de palier, braves filles du peuple qui, si bas tombées qu'elles pussent être, avaient très souvent bon cœur.

Volontiers, elles se mettaient à sa disposition, soit pour porter des lettres à ses éditeurs, soit pour appliquer des compresses sur sa jambe malade, ou lui faire boire quelque bol de tisane.

Avec sa générosité native et son extrême sensibilité, Verlaine se trouvait profondément touché de ces attentions. Aussi, dès qu'il recevait un peu d'argent, s'empressait-il de manifester sa gratitude.

On descendait donc au comptoir qui occupe le rez-de-chaussée, dans la plupart des hôtels garnis de second ordre, et l'on trinquait.

Le poète, heureux de sentir autour de lui de la gaîté et de l'animation, se montrait alors peu économe de l'argent péniblement arraché à son éditeur.

Il s'attardait donc devant le comptoir de zinc, dans la stupéfiante atmosphère saturée d'alcool et de tabac, au milieu des propos grivois et de la grosse gaîté faubourienne.

Le temps passait agréablement. Verlaine — suite logique d'un apéritif pris en commun — invitait ses nouvelles connaissances à partager une « vague assiette anglaise », soit dans sa chambre, soit dans un coin de la salle du mastroquet.

Mais, le plus souvent, les filles, qui avaient vu briller de l'argent entre les doigts de ce vieux monsieur si drôle et si jeune de caractère, ne tardaient pas à se renseigner près du « tôlier ». Elles apprenaient alors que Paul Verlaine était un homme célèbre, et que les sommes qu'il touchait irrégulièrement étaient parfois assez élevées.

D'abord compatissantes d'une façon désintéressée, elles continuaient à l'être, mais, cette fois, par calcul.

Petit à petit, insensiblement, Verlaine se trouvait englué dans une nouvelle liaison, car il subissait une fatalité inéluctable. L'hôtel garni le tenait prisonnier dans un cercle de boue et de feu non prévu par le Dante. Sa pauvreté, son incapacité de gagner régulièrement de l'argent comme le commun des hommes, enfin son mauvais état de santé le retenaient captif dans ces bouges.

Verlaine ne se piquait point d'être un saint. Il

se déclarait lui-même incapable de lutter contre ses passions; et il se trouvait pour ainsi dire encadré, comme le Christ entre deux larrons, par ces deux Vices : La Luxure, l'Alcool.

Dans une des rares nouvelles qu'il ait écrites, et que l'on trouve dans ses « Œuvres posthumes », il a raconté comment il fit connaissance de cette Esther, qui l'exploita presque jusqu'à la fin de ses jours, de si indigne façon.

Esther était originaire d'un département du nord-est. Verlaine retrouvait en elle avec plaisir l'accent du pays natal. Elle disait : « monsieur Verlein » comme dans les Ardennes.

C'était une fille grande et râblée, avec un visage assez frais, mais vulgaire.

Cette Esther, en femme pratique, comprit tout de suite l'influence qu'elle pouvait arriver à prendre sur le rêveur et le sentimental qu'était Verlaine.

Verlaine avait tant souffert; il avait été, par instants, si abandonné, qu'il se trouvait ravi de la moindre manifestation de tendresse, même fausse. Un sourire, une bonne parole, la moindre attention suffisaient à le rendre heureux.

Puis, avec son ambition et sa naïveté de poète au grand cœur, il se disait qu'il arracherait facilement cette fille au métier infâme qu'elle exerçait,

et qu'il en ferait peut-être une honnête femme.
Il fut bientôt cruellement détrompé. A la première somme importante qu'il toucha, Esther s'en
saisit, et alla rejoindre avec ce butin (1) le souteneur (2) aux belles moustaches qu'elle entretenait.

(1) Lettre de Verlaine à M. et Mme les gérants ou propriétaires de
l'hôtel de Rennes, 277, rue Saint-Jacques. — E. V.

« Prière de me rendre immédiatement tout ce que j'ai CHEZ VOUS.
— Quant à la demoiselle Esther et à son « type », ils ont cessé de me
plaire et je serai forcé de me plaindre ou de me faire faire [sic] justice moi-même.

                                    Paul VERLAINE. »

(2) Dans les conversations qu'il avait avec ses pareils en face
du comptoir des bars, cet homme se vantait de la passion de
Verlaine pour « sa femme »; et, en toute occasion, il affichait pour
lui un grand respect.

— Monsieur Verlaine est un grand écrivain, s'écriait-il... Et si
jamais quelqu'un s'avisait d'y toucher, c'est à moi qu'il aurait
affaire !... Bien des fois, sans qu'il s'en doute, il m'est arrivé de le
suivre à une vingtaine de pas en arrière, pour lui éviter toute
mauvaise rencontre, quand il revenait, à une heure avancée, de
son café à son hôtel !

Cette sollicitude était fort explicable, si l'on réfléchit que
Verlaine était, pour le couple, une véritable poule aux œufs d'or.

Paul Verlaine, on ne sait comment, avait appris ce détail, et,
suivant son humeur, il en riait, comme d'une plaisante anecdote arrivée à un autre qu'à lui, ou s'en indignait, en proférant
contre les « atroces marlous », de solennelles imprécations.

Le plus curieux c'est que Verlaine, comme nous l'a affirmé
un haut fonctionnaire de la préfecture de police, était, sans le
savoir, occultement protégé par les agents de M. Lépine. Le préfet
avait donné des ordres précis aux commissaires de police du
Quartier-Latin, en leur enjoignant de ne jamais l'arrêter, quelles
que fussent les excentricités auxquelles se livrait le poète.

Verlaine se trouvait donc ainsi sous la double protection de la
pègre et de la police.

Esther était inscrite sur les registres de la police des mœurs, et de sinistres légendes couraient sur son compte. On disait que naguère, pour se venger d'un amant qui travaillait à la construction de la tour Eiffel, elle avait dénoué les cordes d'un échafaudage, et que plusieurs ouvriers — dont son amant — s'étaient tués.

Après cette première fugue d'Esther, Verlaine jura de ne plus la revoir; et c'est alors qu'il fit connaissance d'Eugénie Krantz, qu'il avait rencontrée chez un mastroquet de la rue Saint-Jacques.

Eugénie Krantz était d'un degré plus élevé dans l'échelle sociale que celle dont elle allait devenir la rivale.

A la fin de l'Empire, elle était une des célébrités du bal Bullier, et l'on retrouverait son portrait à côté de celui des cocottes en vogue, dans quelque ancien numéro de « la Vie Parisienne». A cette époque lointaine, *Ninie Mouton*, sobriquet galant dû à l'abondance de sa chevelure crespelée, était une *femme à la mode*. L'été, elle se rendait à cheval à Robinson, en nombreuse et joyeuse compagnie, pour revenir prendre l'apéritif dans un des cafés du Quartier-Latin.

Elle avait connu Gambetta, Jules Vallès, les deux

poètes Frémine et toute la bande des littérateurs et des hommes politiques qui fréquentaient le café Procope.

Eugénie Krantz était très fière de ces souvenirs, et elle racontait avec orgueil qu'après une nuit d'orageuse discussion, Gambetta, un peu gris, était venu faire la sieste chez elle, et avait dormi tout habillé, pendant deux heures, sur son lit.

Plus tard, après la guerre, elle avait été pendant quelque temps la maîtresse en titre d'un politicien célèbre, qui fut ministre, puis ambassadeur de France en Orient. Jusqu'au dernier jour, la photographie de ce personnage, ornée d'une dédicace galante, orna la cheminée de l'ex-belle.

Verlaine éprouvait un vif mécontentement, où d'ailleurs la jalousie rétrospective n'avait point de part, en voyant l'image de celui qu'il appelait « le vidangeur » si pieusement conservée (1).

On doit le dire, en agissant ainsi, Eugénie Krantz obéissait plutôt à la vanité qu'à tout autre sentiment.

Une fois, alors que son ancien amant était mi-

----

(1) Parfois, pour embêter Ninie Mouton, Verlaine fredonnait en imitant Paulus :

Gais et constants
Nous allions triomphants...

nistre, elle lui écrivit pour obtenir un bureau de tabac, ou telle autre sinécure avantageuse. L'Excellence avait peu de mémoire, et fit la sourde oreille.

Voyant qu'il ne répondait pas, elle alla en personne le trouver au ministère, et lui fit passer une des cartes de visite qu'elle avait fait fabriquer pour la circonstance. M. le Ministre ne se laissa pas attendrir. Il demeura invisible, et prévint les garçons d'avoir à éconduire la dame, chaque fois qu'elle se présenterait.

Cependant, pour Eugénie Krantz, les mauvais jours étaient venus. Depuis longtemps, elle n'était plus citée dans la chronique de Cythère. Et, lorsque Verlaine fit sa connaissance, il y avait déjà plusieurs années qu'elle exerçait le métier de confectionneuse, pour les magasins de « la Belle Jardinière » qui, jusqu'à la fin de ses jours, ne la laissèrent jamais sans travail.

Eugénie Krantz menait une conduite régulière, et on ne lui connaissait pas d'amants ; mais elle avait, elle aussi, de graves défauts. Elle se montrait exigeante et rapace ; et, en même temps, elle était querelleuse et bavarde.

Elle avait cru trouver dans Paul Verlaine l'entreteneur sérieux qui lui assurerait une vieillesse tranquille. Son rêve eût été de le voir noircir le papier du matin au soir, et entasser volume sur volume. Elle avait vu que Vanier achetait les moindres bouts de papier couverts de l'écriture du poète et, dans sa cupidité naïve, elle lui reprochait amèrement de travailler si peu, quand il lui eût été si facile de gagner des sommes.

C'était cette apparence de petite bourgeoise économe et sérieuse qui avait d'abord séduit Verlaine (1). Il s'était dit que, défendu par elle contre sa propre prodigalité, il travaillerait, romprait enfin une bonne fois avec cette existence agitée et fiévreuse qui le faisait errer de garni en garni, et d'hôpital en hôpital.

(1) Voici un échantillon de la prose d'Eugénie Krantz :
« Mon cher Paul est ami je veux que tu lise cette lettre.
Voyons pourquoi toujours aître *méchans est injuste* envers moi.
Je crois pourtant te prouver toute mon amitiée est afections, en me conduisant comme une bonne petite metresse bien fidèle et sage mieux encore comme une bonne petite maman ; je t'aime bien, même beaucoup, voisie pourquoi je te gronde souvans, car je je vouderais que tu sois ce poète divins que touts l'hunivers ademire et savoure... Paul, tu me fait de la peine, car tu me places aux rans de toutes t'ai gourgandines, prans garde, dieu te vois, cette petite morale je te la fait parque j'aurai le droi tu ma partiens... car depuis six ans je suis ta metlresse sans en avoir d'autre est si je suis jalouse cela prouve que je *t'aime* sans rougire.

Eugénie V. Krantz.

Alons viens m'embrasser de bon cœur. Car je suis sura que tu te reprochera ta cruotée à mon égare tu est bon Paul est moi je ne suis pas partageuse quand il s'agis de toi vis à vie des autres femmes.

Ses illusions ne tardèrent guère à se dissiper. Eugénie Krantz se montra à la fois tellement acariâtre et tellement avare, qu'il fut écœuré. Cela d'autant plus que sa nouvelle conquête montait hargneusement la garde autour de lui, et interdisait sa porte à ses amis les plus dévoués.

Une semaine ne s'était pas écoulée que Verlaine, à la suite d'une scène plus violente que les autres, se fâcha tout rouge. Il fit un paquet de ses manuscrits et de ses chemises, et s'enfuit, en fermant bruyamment la porte derrière lui, se jurant bien de ne jamais revoir une pareille mégère.

Il était à peine descendu dans la rue, qu'il rencontra Esther. La fille, une fois l'argent du poète dépensé en orgies, avait appris sa nouvelle liaison et guettait sa proie.

Après une explication un peu vive, les deux amants se réconcilièrent; et l'on alla boire l'absinthe à « l'Académie de la rue Saint-Jacques » (1), une grande distillerie aujourd'hui disparue.

Bref, après ce raccommodement, Verlaine demeura avec Esther jusqu'à ce qu'il eût de nouveau touché quelque argent. Alors, nouveau vol et nouvelle fuite de la drôlesse.

(1) Voir le chapitre *Verlaine au café.*

Mon cher Paul

je voudrait bien venir te voir mais
je suis encore si faible je puis à peine
me traîné de mon lit à la fenêtre
tu vois comme je suis malade
taches d'avoire le plus d'argent
possible car j'ai besoin beaucoup
de soins je viendrait demain
mardi sans faute et je resterai
le plus longtemps possible
je temps brosse comme
je t'aime ton diable

Esther

Et nouvelle rencontre d'Eugénie Krantz, qui ne manqua pas de tirer parti de cette occasion, pour se réconcilier à son tour avec le poète.

Depuis lors, Verlaine fut sans cesse ballotté entre ces deux misérables femmes, qui s'attachaient à lui avec la ténacité de la pieuvre.

Excédé de cette lutte fatigante, le poète en était réduit à se réfugier dans un hôpital, ou dans quelque hôtel lointain, où ses ennemies ne tardaient guère à le découvrir.

Esther, en toute occasion, le dépouillait avec un cynisme tranquille.

Après la représentation donnée au Vaudeville au bénéfice de Paul Verlaine, elle subtilisa au poète, à l'hôtel de la rue Descartes, le seul billet de cent francs qu'il eût touché.

Au retour de son voyage en Hollande, il fut volé de la même façon et, cette fois, d'une somme plus considérable.

Furieux à juste titre, il écrivit aux journaux pour annoncer qu'il portait plainte contre la voleuse. D'ailleurs, il n'en fit rien (1).

(1) Verlaine écrivait à ce sujet dans une lettre à F.-A. Cazals :

« ...La (the) question est l'éternelle Esther la badname. I prefer Philomène. Je suis jaloux dans ce pays d'Othello. Jaloux à en mourir, si je m'étais avisé de rompre avec cette trop aimée, bizarre et

Ma chère Enfant,

Je t'attends cette nuit.

P. V.

Pardonne-moi, et
je te pardonnerai

4 r. de Van —
girard.

revêche ; et comme Verlaine lui apportait tout son argent, comme il ne buvait plus, elle le laissait à peu près tranquille.

Mais il y avait un point sur lequel elle était intraitable : elle continuait d'empêcher le poète de voir ses amis et le séquestrait jalousement. On en eut une preuve lors de la charitable promenade de Mme Eugénie Buffet dans les cours parisiennes. Verlaine demeurait alors 16, rue des Fossés-Saint-Victor ; le hasard de ses pérégrinations ayant amené la charmante artiste dans l'immeuble qu'il habitait, elle eut à cœur d'aller saluer le vieux poète, et grimpa lestement les quatre étages.

Verlaine, heureux de cet hommage, serra de bon cœur les mains de la cantatrice, et la remercia avec effusion.

Mais quelqu'un troubla la fête : Eugénie Krantz, furieuse, se précipita les ongles en avant et l'injure à la bouche vers l'inconnue qu'à son déguisement elle prit pour une envoyée d'Esther. L'artiste dut battre en retraite, chaudement poursuivie par Eugénie Krantz, pour laquelle la concierge prit fait et cause, menaçant les chanteurs d'un revolver. Une épouvantable bagarre s'ensuivit ; la foule menaçante réclamait son sa chanteuse favorite ; une vitre fut brisée. Eugénie Buffet, assez grièvement blessée au bras, regagna la rue, les vêtements ensanglantés.

Verlaine, que sa jambe malade empêcha d'arriver à temps sur le champ de bataille, éprouva beaucoup de chagrin de cette altercation. Le soir, il disait tristement à un reporter *des Débats :*

« Elle n'a pas de chance, cette pauvre Eugénie Buffet; elle vient me voir, elle est mordue par une concierge enragée !»

On peut, par ce trait, se faire une idée de l'abominable caractère de la mégère par laquelle Verlaine fut, dans les derniers mois de sa vie, littéralement chambré.

Ce n'est que lorsque son état de santé empira, qu'elle condescendit à ouvrir sa porte aux compagnons du vieux poète.

Après la mort de Verlaine, elle vendit, aux éditeurs ou aux admirateurs, les moindres fragments de manuscrits (1), les plus insignifiantes reliques qu'elle avait pu conserver.

---

(1) Un peu après la mort de Verlaine, le *Jour* a publié un interview d'Eugénie Krantz d'où nous extrayons le passage suivant :

« J'ai trouvé les *Hommes entrés au Panthéon*; on [Vanier] m'en a donné trente francs; un deuxième volume de *Confessions*; j'ai reçu vingt-cinq francs; *Ma Bohême*, que j'ai vendue vingt-cinq francs également; puis un manuscrit de M me Desbordes-Valmore et deux volumes sur M. Arthur Rimbaud, et encore *Immemoria* donné à la

C'est ainsi qu'elle trafiqua des pipes et des porte-plume que Verlaine s'était amusé à dorer.

D'ailleurs, elle ne se fit pas faute d'augmenter le nombre des porte-plume en allant en acheter d'autres, qu'elle couvrit elle-même d'or adhésif.

Nombre d'Anglais et d'Américains ont payé assez cher ces souvenirs apocryphes.

Eugénie Krantz mourut à l'hôpital Cochin, un an après Verlaine. A ses derniers moments, elle écrivit à Cazals et à Du Plessys de venir la voir, pour leur faire certaines communications concernant Paul Verlaine. Mais, quand ils arrivèrent, il était trop tard : Eugénie Krantz était morte.

La plupart des lettres que Verlaine lui avait écrites en diverses occasions sont devenues la propriété de l'éditeur Vanier.

Quant à Esther, elle s'est retirée en province où, sans doute en souvenir du poète, un amant lettré se charge de subvenir à son entretien.

Revue Blanche et non encore publié. Au total, j'ai touché huit cent trente-cinq francs...

...« Il me reste encore un *Louis XVII* dont le premier acte est terminé et le second à peine ébauché.

... « Je ne vis que de mendicité, et sans quelques cœurs généreux, je serais morte de faim.

...« MM. Coppée et Sully-Prudhomme ont soulagé ma misère, de même que MM. Roujon et Lépine. Le Président de la République voulut bien également m'adresser un secours... »

Esther et Eugénie Krantz furent les dernières maîtresses de Verlaine. Mais il en eut d'autres, parmi lesquelles nous citerons une allemande nommée Caroline Teisen, dont il avait fait la connaissance chez l'hôtelier Chiffmann, rue St-Jacques.

En ce moment, il était brouillé à la fois avec Esther et avec Eugénie Krantz.

Caroline Teisen, une fille d'une trentaine d'années, insignifiante et douce, prit leur place durant quelques jours.

Cette Caroline Teisen eut d'ailleurs une fin tragique. En apprenant la mort du poète, elle devint folle. Dansant à travers les rues, et se livrant à toutes sortes d'excentricités, elle fut arrêtée et conduite à l'infirmerie du Dépôt, et de là à Sainte-Anne, où elle mourut peu après.

Il est certain que Paul Verlaine aurait pu mieux choisir ses maîtresses et que les gens du monde ne s'enorgueilliraient point de pareilles conquêtes. Mais, pour l'excuser et pour le comprendre, il faut réfléchir que le poète, vieux et fatigué, malade et pauvre, succombait souvent, par faiblesse ou par bonté, à son besoin d'affection à la fois sentimentale et charnelle. Comme le dit Thomas de Quincey dans ses « Suspiria de profundis », ces maîtresses, si avilies qu'elles fussent, étaient encore des femmes.

CHAPITRE IV

Paul Verlaine était, par goût, un homme d'intérieur. Il adorait son *home* tout modeste qu'il fût; toute sa vie il aspira au calme bonheur du foyer que pourtant il ne connut guère. Il faut voir avec quelle émotion attendrie il célèbre dans *La Bonne Chanson :* « la lueur étroite de la lampe », « l'heure du thé fumant et des livres fermés », tous les détails d'une existence paisible et familiale.

La cause principale des malheurs de Verlaine a été certainement la mésintelligence qui s'éleva dès le début entre sa femme et lui. Tout de suite après son divorce, se trouvant sans foyer, sans affections autour de lui, il commença à mener l'existence vagabonde et irrégulière qui se continua par la suite.

Verlaine avait besoin des caresses et ne pouvait se passer des soins et de l'affection d'une femme, quelle qu'elle fût. Chaque fois que les circonstances le permirent, chaque fois qu'il eut un peu d'argent et de tranquillité, il redevint l'homme rêveur et casanier heureux avec des fleurs et des livres.

Les moindres joies, les plus futiles bonheurs de la vie d'intimité lui suffisaient. Il s'intéressait même à des bibelots familiers dont il ne se sépara jamais en dépit de ses nombreux déménagements (1).

(1) On verra dans la lettre suivante écrite par Verlaine à Rachilde une preuve de cette préoccupation constante chez le poète.

Comme nous le racontons plus loin, Verlaine, mis à la porte par son logeur et malade, avait accepté l'hospitalité que Rachilde lui avait gracieusement offerte. Quelques jours après il entrait à l'hôpital C'est de là qu'il écrivait à Rachilde en la priant de charger Cazals et Du Plessys du déménagement des objets qu'il avait laissés dans son hôtel :

« Paris, 12 novembre 86.

« Chère Mademoiselle Rachilde,

« Je n'ai vu personne hier jeudi, bien que Tanchard dût venir, m'avaient prédit les externes. J'aurais bien voulu savoir si mon déménagement de chez Chauzy (hôtel du Midi, 6, cour Saint-François, 5, rue Moreau, quartier des Quinze-Vingts) est opéré. Sinon, priez donc le bon Cazals, que je ne saurais jamais assez remercier, et l'excellent Du Plessys, de faire au plus tôt tout emporter de ce qui est aux murs, dans les tiroirs, dans les armoires, étagères et commodes. Deux épées sont accrochées au-dessus de la glace. Emporter le pupitre avec ce qu'il y a dedans. Prendre garde au pastel et aux deux portraits huiles [le sien, par Valadon, et celui de son père] ainsi qu'à ceux sous verre [son portrait, jeune, par Henry Cros, et une lithographie représentant sa mère en coiffure et costume romantiques]. Il y a des chaussures derrière la table de nuit (pardon) ! neuves et vieil-

Dieu sait pourtant si Verlaine eut des domiciles multiples!... Il habita successivement rue de la Huchette; hôtel Royer-Collard, rue Royer-Collard; hôtel Lisbonne, 4, rue de Vaugirard; 48, rue du Cardinal-Lemoine; 187 et 210, rue Saint-Jacques; hôtel des Mines (1), boulevard Saint-Michel; rue Descartes; rue des Fossés-Saint-Victor et finalement rue Descartes; encore ne notons-nous que les endroits où le poète fit un séjour quelque peu prolongé.

Ce fut rue Royer-Collard que Verlaine institua des « soirées » dont il nous a conservé le souvenir dans un amusant croquis et où se rencontrèrent Villiers de l'Isle-Adam, Rachilde, Jean Moréas, Ary Re-

les : tout prendre excepté chaussettes et chaussons décidément périmés. Enfin perquisition scrupuleuse et emballage total. Quelques effets de femme seront trouvés, souvenir de ma mère : les prendre avec soin. Il y a une très belle malle qui n'est pas dans ma chambre. Emporter tous les effets d'homme pendus à gauche, en entrant.

« Ci-contre la ballade de Louise Michel où il y à *faucille* rimant en *cile* parce que je pense qu'on doit prononcer ainsi et des rimes auvergnates : *fragile* avec *bacille*, *évangile* avec *Bazile* — et un sonnet qui n'a peut-être de drôle que l'épigraphe.

« Mille bons respects de celui qui vous a toute reconnaissance de l'avoir empêché l'autre jour de faire peut-être des choses non pas de désespoir, fi ! — mais bizarres trop.   « P. VERLAINE.

« Lit 6, salle Follin, hôpital Broussais, 96, rue Didot, 14e arrond.

(1) Verlaine, toujours gavroche, prenait un plaisir enfantin à déformer certains noms; il disait : *l'hôtel des Mauvaises Mines*, *la rue Descartes transparentes*, *la rue des Feuilles intimes*, etc.

nan (1), Vicaire, Maurice Baud, Emile Lebrun, Paterne Berrichon, Ernest Raynaud et Stépahane Mallarmé.

La plus tumultueuse camaraderie, la plus loyale gaîté animaient ces petites réunions où l'on croquait des gâteaux secs, où l'on buvait du thé, de la bière et du rhum à l'eau, « fruits, quelquefois, d'une contribution des camarades ».

Mais quand paraissait Villiers de l'Isle-Adam, c'était au milieu d'un profond et soudain silence qu'on écoutait ses stupéfiantes histoires ou le récit de ses trouvailles d'humoriste à travers les enseignes et pancartes de la rue. C'est ainsi que sur le pont des Arts il avait noté avec joie cet avis :

Ayez pitié d'un pauvre aveugle, s'il vous plaît !

— Voilà, disait-il, avec un sérieux imperturbable, un des plus beaux alexandrins que je connaisse ! N'est-ce pas supérieur au « tramway de Montrouge à la gare de l'Est » du bon François Coppée?

Tous ceux qui ont connu Verlaine savent quel air d'aimable gravité et de distinction exquise, il savait

(1) Ary Renan, disciple fervent de Puvis de Chavannes, est mort en 1900; c'était le fils d'Ernest Renan et le petit-neveu d'Ary Schef-fer. Artiste, penseur et savant il a peint avec un sentiment profon-dément poétique les rives du Jourdain et les grèves bretonnes. Comme critique d'art, il laisse un admirable livre sur Gustave Moreau.

prendre, quand il le voulait ; l'incorrigible bohème devenait, à ses heures, un maître de maison impeccable. Malheureusement ces mercredis de la rue Royer-Collard, transportés plus tard rue Saint-Jacques, ne durèrent pas longtemps. Le poète dut, bientôt retourner à l'hôpital. Il en sortit, au bout de quelques semaines, grâce à Maurice Barrès qui lui avait trouvé et retenu une chambre confortable à l'hôtel Lisbonne, 4, rue de Vaugirard.

L'avant-veille de sa délivrance Verlaine adressait à son ami Cazals la lettre et le dessin ci-après :

Vendredi, 4 heures.

Je reçois à l'instant un mot de Barrès m'annonçant « *le déjeuner de la délivrance* » pour Dimanche en 8, c'est-à-dire le 17 (ça fera juste 2 mois).

Va donc falloir un peu penser à habits, à au moins un paletot décent quelconque.

Puis nous verrons pour le reste (déménagement, etc.).

Je travaille ferme. Proses *finites*. Restent à recopier. mais pas long et pourras, toi, ce faire. Vers marchent aussi, TA pièce en tête. Ci joint un sonnet Berrichon que prière de coller (le sonnet !)

Je t'attends impatiemment, Ton
P. V.

Excuse ce papier emprunté
à d'anciens fumistes,   quid de Lemerre?
apporte m'en du BEAU.

DESSIN DE VERLAINE

L'hôtel Lisbonne était un vieil établissement célèbre à plus d'un titre dans les annales du Quartier Latin, car il eut pour hôte Gambetta, Vallès, Mac-Nab et l'assassin Lebiez (1) — sans compter d'autres personnages moins notoires, les auteurs de ce livre entre autres.

Ce milieu, que Paul Verlaine a décrit lui-même, était à la fois aimable et bizarre. La table d'hôte réunissait au déjeuner, en même temps que le Maître et ses disciples, un ecclésiastique, théologien éminent, une dame espagnole,

Notre-Dame de Santa Fe de Bogota,

un employé de la Préfecture au Bureau des objets trouvés, romancier à ses moments perdus,

Bon Maygrier, sorcier rose,

des étudiants en droit et en médecine, sans oublier le patron et la patronne, M. et Mme A..., qui professaient pour Verlaine une admiration sans bornes.

Parmi les habitués de l'hôtel Lisbonne, on remarquait encore Paul-Émile Demouth, un poète fantaisiste qui a laissé quelques beaux sonnets; Alfred

(1) Le complice de Barré dans une affaire célèbre. Verlaine ne manqua point de dire, à table d'hôte : Ici ont habité Barr s et Lebié !

Quentin, guitariste et bibliophile, sagace fureteur, l'homme du monde le mieux informé sur les éditions rares et les bibelots curieux ; Alain Desvaux, personnage hoffmanesque interné comme fou par erreur et que Moréas avait baptisé « l'Assassin »... parce qu'il avait failli, disait-il, être assassiné ; Henri Cholin, théoricien du terrorisme, brumeuse intelligence germaine nourrie des œuvres de Nietzsche et de Schopenhauer qui, sous le pseudonyme d'Iren Nylock, a publié des vers curieux ; enfin Gabriel Echaupre, le descendant de Pache, maire de Paris (1), auquel Verlaine a dédié le sonnet qui débute ainsi :

> Votre grand-père des temps chauds, l'honnête Pache,
> Fut un républicain sérieux, simple et franc.
> Il méprisa l'argent, abomina le sang
> Et mourut écœuré, pur de la moindre tache.

Le poète prenait un grand plaisir à soutenir contre

(1) Pache, l'ancien ministre de la guerre de 1792, l'ancien maire de Paris sous la Terreur, mourut sous la Restauration à un âge avancé dans la bucolique retraite qu'il s'était choisie à Thin-le-Moutier. « Quant au vieux Pache, a dit M. Georges Avenel, retiré seul dans un village près de la frontière, il s'asseyait souvent sur le bord d'un ruisseau, au pied d'un chêne et regardait couler l'eau ; il songeait aux contes que l'on faisait sur la Révolution française et souriait ; mais soudain, pensant avec émotion à cette bonne grande ville qu'il avait administrée sans être orateur, ni écrivain, ni riche, ni intrigant, il la glorifiait dans son cœur. »

Un érudit ardennais, M. Louis Pierquin, a publié sur Pache un intéressant volume. Pache était un précurseur des positivistes, une sorte d'Auguste Comte avant la lettre.

DESSIN DE PAUL VERLAINE.

l'ecclésiastique de subtiles controverses, et la présence du prêtre suffisait à maintenir la conversation dans le ton de la décence et de la retenue; ce n'est qu'après son départ, que les anecdotes un peu lestes pouvaient se produire librement.

D'ailleurs, la tenue de cette maison était très sérieuse, et plusieurs fois Verlaine eut le dépit de voir refuser l'accès de l'hôtel à des dames auxquelles il y avait donné rendez-vous. Ce fut d'ailleurs la raison qui le décida à quitter cet établissement où il devait revenir quelques années après; il resta pourtant toujours en bonnes relations avec M. et Mme A....

C'est, si nos souvenirs sont exacts, à l'hôtel Lisbonne que Verlaine reçut la visite d'un jeune littérateur venu du fonds de l'Ardèche pour contempler ses traits, tant était alors passionnant l'intérêt qu'inspirait le poète aux lettrés de province. Il courait sur son compte une foule de légendes; les uns le regardaient comme une sorte de demi-dieu, les autres comme un Héliogabale ou comme un vampire. La curiosité des rédacteurs de la revue les *Annales Gauloises* était si violemment surexcitée qu'ils élurent un « délégué pour voir Verlaine » chargé de se former une opinion exacte sur le farouche saturnien et d'adresser ensuite à ses confrères les rimeurs, un rapport circonstancié sur le grand homme. Le directeur de ces *Annales*, le poète-imprimeur Henri Bossanne, qui était en même temps chargé de l'impression des *Dédicaces*, se trouva tout indiqué. Il s'embarqua pour la capitale, muni des recommandations de toutes les muses du département.

Ce ne fut pas sans un battement de cœur que monsieur le délégué frappa à la porte de Verlaine qui vint lui-même lui ouvrir et l'accueillit avec sa cordialité ordinaire ; mais l'étonnement de l'ambassadeur fut à son comble lorsqu'il aperçut dans le lit les minois fripons de deux dames en galant déshabillé, toutes confuses de se voir ainsi surprises. Voilà qui justifiait — et largement — le poète de certaines accusations de mysogynisme portées contre lui. Les princesses rhabillées au petit bonheur on alla trinquer et le délégué se retira, content de toutes les manières.

Verlaine célébra l'aventure dans un joyeux sonnet qui se termine ainsi :

J'étais chez moi, rideaux tirés sur la fenêtre,
En manches de chemise et chaussons de loisir,
   Avec deux femmes ! ! !
Et vous : « Ce n'est donc pas Ce prince des infâmes ! »

Quant à Henri Bossanne, il regagna ses pénates

enchanté de son voyage dont il fit le récit dans un monologue en vers (1).

Dans le petit cercle d'amis qui entouraient Verlaine à l'hôtel Lisbonne, on ne lui ménageait pas la morale, et souvent, on réussissait à l'empêcher de se rendre au café, mais parfois aussi ses ruses déjouaient les mesures les plus sages qu'on avait prises pour le retenir; voici à ce propos une anecdote. Un soir Verlaine qui souffrait beaucoup de sa jambe malade, non pansée depuis deux jours, alla frapper à la porte d'une voisine, l'amie charmante d'un de ses meilleurs amis. Quelquefois déjà, il s'était adressé à Madame C... en de pareilles occasions.

— Je veux bien « arranger » votre jambe, monsieur Verlaine, dit la jeune femme, mais c'est à une condition.

— J'accepte d'avance, fit le poète.

— Oh ! ce ne sera pas bien dur, promettez-moi seulement d'aller vous coucher de bonne heure sans aller courir les tavernes...

— Je vous le promets, affirma Verlaine avec la plus grande énergie ! Je n'en ai d'ailleurs nulle envie, je souffre atrocement...

(1) « Le délégué pour voir Verlaine ». *Annales Gauloises*, décembre 1889.

La secourable dame se mit aussitôt à l'œuvre. La plaie fut nettoyée, aseptisée, bandée, et Verlaine se retira, en protestant de sa reconnaissance et en déclarant bruyamment qu'il allait se coucher.

Le poète et son amie feignirent poliment de croire à cette affirmation hypocrite, mais un quart d'heure plus tard, ils entendaient, dans l'escalier, le pas lourd et inégal du poète boiteux qui descendait avec précaution, puis demandait le cordon d'une voix assourdie de conspirateur.

Verlaine travaillé par l'insomnie n'avait pu résister au désir d'aller respirer l'atmosphère vivifiante du Boul-Mich. L'ennui, une fois de plus, avait triomphé de ses bonnes résolutions.

Disons-le : à l'hôtel Lisbonne, ces fugues n'étaient pas très fréquentes. Sans mener une existence tout à fait ascétique, le poète se trouvait là au milieu d'une atmosphère intellectuelle qui lui plaisait, dans une sorte d'abbaye laïque à la règle indulgente, mais au fond très sérieuse. Ses disciples, ses admirateurs et leurs amies créaient à Verlaine une sorte de famille d'élection où il était vénéré, aimé — surveillé aussi — comme l'aîné, le maître, le père poétique dont on doit respecter même les erreurs.

Des affections véritablement filiales l'entouraient, et le poète, habile à saisir les plus fugitives nuances

du sentiment, gardait une reconnaissance profonde
à ces amis un peu naïfs qui l'eussent voulu, disait-il
« membre d'une société de Tempérance et de Chas-
teté, mesdames, et qui étaient parfois plus royalistes
que le roi » !

Bien souvent pour leur faire plaisir, il mit un
frein au furieux désir qu'il avait d'aller noctambuler
ès terrasses illuminées pourvues de bière délicieuse-
ment glacée, fleuries de jolies personnes tapageuses
et parfumées.

On doit le dire, Paul Verlaine ne rencontra pas
toujours des établissements aussi bien tenus, et des
hôteliers aussi corrects.

C'est ainsi que, rue Descartes, comme il se trouvait en retard pour le paiement de sa chambre, son
tenancier, un Américain à la face de brute, aux vastes
épaules, tomba un jour à coups de poing sur Verlaine et sur l'un de ses amis, Henri Cholin. Ils eurent
leurs vêtements déchirés, et reçurent force gour-
mades.

Ils portèrent plainte, et le tenancier fut condamné
à des dommages et intérêts, que d'ailleurs il ne paya
jamais.

Un autre hôtel de la rue Saint-Jacques, où le
poète habita ensuite, n'était guère fréquenté que
par des souteneurs et des prostituées. C'est de cet

hôtel que Verlaine a dit que les locataires y étaient volontiers « matutinaux, et les locatrices volontiers très vespérales ».

De cet endroit encore, Verlaine ne put s'échapper avec son menu bagage et ses manuscrits, qu'après une espèce de bataille, dont, cette fois, il sortit vainqueur.

Ce fut dans une autre maison de la rue Saint-Jacques, puis rue des Fossés-Saint-Victor, que le poète reçut, moyennant finances, l'hospitalité d'Eugénie Krantz. Le poète jouissait alors du plaisir de ne plus loger à l'hôtel.

Mais, où qu'il se trouvât, il ne cessa jamais de produire régulièrement (1). Après le déjeuner, quand il avait bourré sa pipe, il s'accoudait à sa petite table, en hiver près du feu, l'été en face de la

______

(1) Des critiques bien intentionnés ont cru devoir affirmer que Verlaine n'avait rien produit de bon pendant les dix dernières années de sa vie. C'est là une étrange aberration. Si en effet quelques-uns de ses chefs-d'œuvres les *Fêtes Galantes*, la *Bonne chanson*, *Sagesse*, ont été écrits avant l'année 1886, époque à laquelle il reprit contact avec les milieux littéraires parisiens, il suffit de parcourir la liste des poèmes parus depuis pour constater que c'est, pendant ces dix dernières années soi-disant mal fécondes, que le poète a publié : *Amour*, *Parallèlement*, *Dédicaces*, *Bonheur*, etc., sans compter plusieurs livres de proses, sans compter encore *Liturgies intimes* et *Chansons pour Elle* et ces étonnants vers érotiques, qui accusent si nett ment le dualisme qui a toujours existé dans l'âme du poète entre le mysticisme et la sensualité.

fenêtre large ouverte, où était appendue la cage des serins; et il écrivait ou lisait sans interruption, jusqu'à l'heure fatale de l'apéritif.

Il travaillait également le matin, de très bonne heure. Sujet à de très longues insomnies, il se trouvait parfois, dès trois heures du matin, incapable de se rendormir. Alors il allumait sa lampe et, se servant de sa table de nuit en guise de pupitre, il jetait l'esquisse d'un sonnet ou de quelque autre poème.

Si l'inspiration ne le servait pas à son gré, il posait sa plume, ouvrait un livre, et fumait une pipe, pour reprendre la besogne un peu plus tard.

Quelquefois, le poème se trouvait terminé très rapidement : dès huit heures, Verlaine allait le porter à Vanier, qui lui faisait une petite avance. Le poète, alors, achetait ses journaux, et remontait les lire. Ses feuilles préférées étaient : le *Figaro*, l'*Écho de Paris*, et le *Journal*.

Comme revues, il recevait : le *Mercure de France*, la *Plume*, l'*Ermitage*, le *Saint-Graal*, sans compter plusieurs publications belges, dont la *Belgique littéraire* et la *Wallonie*.

Nombre de volumes lui étaient aussi adressés, par leurs auteurs, avec de respectueuses dédicaces. Mais ses rapaces maîtresses, dès qu'il les avait parcourus, s'empressaient d'aller les vendre à vil prix, et parfois sans se donner la peine d'en prévenir le poète, sans se donner même la peine d'en gratter la dédicace !...

Que de jeunes auteurs ont eu l'humiliation de découvrir le volume qu'ils avaient adressé à Verlaine, en vente sur les quais dans la boîte à cinq sous !

Paul Verlaine écrivait avec n'importe quelle plume, sur n'importe quel papier. Tout lui était bon pour noter ses vers : le papier à chandelle le plus grossier, les imprimés d'hôpital, le dos des prospectus, la marge des journaux...

Verlaine ne travaillait jamais sans « pétuner », comme il disait; mais détail à noter, c'était toujours la pipe. Ces pipes étaient de merisier, et du prix le plus modique. Quelquefois même, il culotta de simples pipes en terre !

Doué d'un excellent appétit, Verlaine ne se montrait pas un convive difficile. Il adorait les plats simples et campagnards, les soupes au lard et aux choux, les ragoûts de mouton aux pommes de terre (1), le hareng frais et les moules marinières,

(1) Par exemple, Verlaine regardait comme une véritable hérésie gastronomique le fait de manger de la moutarde avec du ragoût de mouton; c'était, d'après lui, un trait d'inélégance et presque de barbarie.

pour lesquelles il avait une prédilection. Enfin, il ne dédaignait pas une certaine salade, composée de morceaux de bœuf coupés en carré, de filets de harengs saurs, de pommes de terre chaudes, avec force oignons hachés menu; le tout fortement épicé. Il appelait cela « le plat canaille ».

Un de ses régals était le rumsteck très saignant, entouré, selon la manière anglaise, de pommes de terre en robe de chambre. A ce propos, il décrivait avec émerveillement les bouchers londoniens qui, coiffés de chapeaux hauts de forme, impassibles et armés d'un sabre bien affilé, taillaient d'un seul coup, dans de gigantesques pièces de bœuf, de juteux rosbifs d'une saveur inconnue aux Parisiens.

Les vins que Verlaine préférait étaient le bordeaux et le vin gris des Ardennes; mais il faut convenir qu'il ne détestait pour cela aucun des grands crus.

Il s'y connaissait en bons vins. Malheureusement, il était souvent obligé de se contenter des « pires vinasses ».

Verlaine n'était pas un grand buveur de café; et quand, après chaque repas, il en avait pris une tasse, il était bien rare qu'il réitérât.

Le poète, quand ses moyens le lui permettaient, adorait avoir des invités à sa table. Il détestait la solitude au moment des repas, encore plus qu'aux autres instants de la journée. Et, très souvent, il avait pour convive quelque camarade de lettres, venu en compagnie de sa femme ou de sa maîtresse.

Les femmes, en général, étaient curieuses de connaître Verlaine, et elles acceptaient avec enthousiasme ses invitations; mais elles étaient souvent déçues, surtout lorsque c'était la première fois qu'elles le voyaient. Son masque de vampire ou de Satan foudroyé, sublime et brutal, ne répondait guère au mièvre idéal qu'elles s'étaient fait de l'auteur des *Fêtes Galantes* et de *Sagesse*.

Nous fûmes les témoins de quelques-unes de ces désillusions.

Sarah Brown — la belle Sarah Brown de l'atelier Rochegrosse — que nous vîmes au bal des Quat'-Arts, vêtue d'un simple filet aux larges mailles et qui, nouvelle Hélène, mit pendant quelques jours à feu et à sang le Quartier Latin, manifesta le désir d'être présentée à Paul Verlaine. Un ami s'entremit, et la mena, à l'heure de l'apéritif, au café François Ier, où le poète tenait ses *états*.

La présentation fut faite. Mais quand Verlaine, soulevant courtoisement son feutre, laissa voir son crâne immense et nu, et ses prunelles étincelantes d'une flamme satanique, l'orgueilleuse Cléopâtre s'évanouit !... Et nous, de lui prodiguer nos soins, à l'ahurissement des buveurs, et de Verlaine lui-même, secrètement flatté, quand même, de l'impression excessive qu'il avait produite.

Un jeune poète racontait cette aventure, peu de temps après, à la table d'un caricaturiste de nos amis. Il y avait là une jeune femme, élégante et plutôt sérieuse, que ce récit parut intéresser prodigieusement :

— Je suis fière, dit-elle, d'avoir lu presque tout Verlaine, et je serais heureuse, moi aussi, de faire sa connaissance, un poète n'est jamais laid !

L'aède aux cheveux plats fit entendre à la belle que la chose était des plus aisées, qu'il avait ses grandes entrées chez Verlaine, et que le maître était accueillant au possible.

De propos en propos, l'intimité devint plus étroite entre les deux jeunes gens. Après s'être fait beaucoup prier, la jeune femme accompagna l'esthète en son galetas de la rue Visconti, pittoresque séjour à fleur de gouttière, non loin du logis où Balzac, imprimeur, fit faillite, et de l'hôtel où Racine habita, peut-être !

La dame, habituée à plus de luxe, fit d'abord la moue ; mais les heures passèrent vite, et, le lendemain matin, c'est-à-dire dès onze heures, nos amoureux s'acheminèrent vers les hauteurs de la rue Saint-Jacques, non sans avoir, chemin faisant, acheté, qui, un bouquet de violettes, qui, une boîte de sardines à l'huile, précautions diplomatiques destinées à gagner les bonnes grâces de la maîtresse de céans — pour le moment mademoiselle Eugénie Krantz.

On frappe. On entre... Compliments et présentations...

Tandis que Verlaine, l'œil mi-clos, hume l'humble bouquet, Eugénie soupèse les conserves, et sa mine revêche s'adoucit :

— Vous déjeunez avec nous? dit Verlaine en clignant de l'œil interrogativement et, avec une certaine crainte, vers sa compagne.

Eugénie ne dit mot. Tout va bien. « La dame au petit panier (1) » se montre rarement aussi aimable.

La table est mise, unique mets, un vaste plat de poireaux en occupe le centre, et fait pendant à un litre de ce gros vin, que Verlaine appelle facétieusement, tour à tour, du : « Clos Saint-Jacques », du « Château-Litron » et du « Saint-Julien le Pauvre ».

Le petit poète et son amie se regardent un peu

(1) Voir *Dédicaces.*

consternés, pendant que la Krantz apporte et déploie des torchons, en expliquant que les serviettes damassées sont chez « Ma Tante ».

Verlaine, avec son caractère gavroche, a discerné tout de suite le côté comique et tant soit peu ridicule de la situation. Il essuie, en souriant avec malice, les verres de son lorgnon, pour mieux détailler les formes sveltes de son invitée, dont un demi-deuil élégant fait ressortir la beauté blonde. Puis, sur un mode dithyrambique, il entame l'éloge du poireau, qu'il appelle pompeusement « l'asperge d'hiver». Il cite Hippocrate, Gallien et Camerarius, à la stupeur d'Eugénie, qui prend sans doute ces anciens pour de vulgaires médecins d'hôpital.

« Analeptique, roboratif, diurétique, stomachique, dépuratif et cardiaque, s'écrie Verlaine avec enthousiasme, le poireau est le roi des végétaux comestibles ! »

Influencée par cet éloge, la jeune dame aux cheveux d'or surmonte son aversion et, courageusement, prend un poireau, puis un autre.

Pendant ce temps, Eugénie Krantz donne libre cours à ses jérémiades habituelles sur la pingrerie des éditeurs. Elle va jusqu'à faire des allusions malséantes à certaines gens qui s'invitent, sans crier gare, chez de plus pauvres qu'eux.

A cette allusion directe, Verlaine fronce le sourcil. Nos jeunes convives, gênés, mangent pourtant encore, le nez dans leur assiette, quelques-unes de ces asperges d'hiver, si chères à l'amphytrion.

Mais, tout à coup, on sonne... Verlaine et Eugénie se sont levés en même temps. Malgré sa claudication, le poète se hâte, et arrive bon premier, pour entr'ouvrir l'huis.

C'est le facteur :

— Une lettre chargée pour M. Paul Verlaine, homme de lettres, 187, rue Saint-Jacques...

Tous les visages se dérident. La revêche Eugénie elle-même se fait câline :

— C'est un mandat, Paul?

— Et quel mandat-mandat (1) ! riposte-t-il en brandissant le pli au-dessus de sa tête.

Les cœurs battent pendant que, rassis, Verlaine décachète la lettre avec un couteau de table. D'un geste nerveux, il en extrait un papier qu'il examine avec jubilation.

— Cinq livres !... Cela fait cent vingt-cinq francs !... Ça vient des Anglais... Tu sais, mon article sur Racine ?

Puis, coup de théâtre ! Verlaine se lève et, au

(1) Allusion à la chanson en vogue après l'Empire : l'*Amant d'Amanda*.

milieu de la surprise générale, il s'empare du plat de poireaux auquel il n'avait pas encore touché ; et d'un geste mi-despotique, mi-railleur, il en vide le contenu dans la gouttière !

Un sourire paternel illumine son visage de nécromant :

— Et maintenant, mes enfants, nous allons déjeuner...

Et il ajoute en souvenir de Banville :

— Comme des tigres ! ! !

Définitivement apprivoisée, cette fois, Eugénie Krantz descendit en hâte et revint peu de temps après, son « petit panier » débordant de victuailles. La table fut vite parée d'un pâté, flanqué de flacons poudreux. Verlaine, comme de coutume, se montra d'une étincelante gaîté... L'aventure des poireaux lui avait remis en mémoire une anecdote arrivée à son père et il ne se fit nullement prier pour nous la raconter. Le colonel Verlaine était d'un caractère assez violent et Mme Verlaine, la mère du poète, adorait son mari et se montrait fort jalouse. Un jour, à propos d'une omelette, trop ou pas assez cuite, le colonel entra en fureur et précipita le corps du délit par la fenêtre. Mme Verlaine voulut voir dans ce geste un avertissement mystérieux à quelque folle maîtresse aux aguets : « Cette omelette est un signal ! » s'écria-t-elle, et le colonel revenu de son emportement eut beaucoup de mal à démontrer son innocence.

A cette anecdote savoureuse d'autres succédèrent ; jusqu'au soir, le poète tint sous le charme de sa parole ses convives enfin rassurés et restaurés.

Mais, chose étrange, en dépit de cet agréable dénouement, la jeune admiratrice du poète de *Sagesse*, trop bourgeoise au fond, décidément, ne devint pas une des muses du cénacle verlainien ; et l'aède aux cheveux plats, lui-même, ne la revit jamais dans son galetas de la rue Visconti. (1)

(1) Voici à titre de curiosité deux lettres d'admiratrices de Verlaine :

59, boulevard Magenta 12-2-90.

« Monsieur,

« Je désirerais souscrire à un exemplaire (3 francs) du volume de Paul Verlaine, intitulé « Dédicaces » car je m'associe de tout cœur à cette bonne action. Comment vous faire parvenir ma modeste, bien modeste obole? L'ouvrage paraîtra quand il voudra ou plutôt quand il pourra, mais l'important, c'est que notre cher poète reçoive bien vite quelques secours qui adoucissent ses souffrances et son isolement. Où donc est-il? Suis-je indiscrète en vous posant cette question dictée par une grande sympathie et une sincère admiration pour Verlaine? Je voudrais que ma position me permît de lui donner asile... Ne pourrait-on au moyen d'une souscription dans le *Figaro* ou l'*Echo de Paris* recueillir une somme suffisante à son installation à la maison Dubois? Je m'offre de grand cœur à faire toutes les démarches nécessaires.

« Veuillez agréer, Monsieur, avec toutes mes excuses pour ce petit questionnaire l'expression de ma considération très distinguée.

» PHILIBERTE,
Artiste dramatique,
59, boulevard Magenta. »

(Lettre à M. Léon Deschamps, éditeur de la première édition de *Dédicaces*).

« Cher Maître,

« J'ai tenue ma promesse, j'aie été vous rendre visite comme vou^s me l'aviez permis. Cher Maître inutile de vous dire que l'on m'a interdit votre toute hospitalière demeure; je suis il est vraie cher Maître encore une profane; et je mérite peu la faveur n'y et l'honneur de prétendre à présider un joyeux banquet du grand Maître. Fi mademoiselle la prétentieuse. J'espère cher Maître que vous serez indulgent envers celle qui serait trop heureuse d'être non pas votre amie : je ne suis pas assez *grande* pour cela, mais seulement j'espère être tolérée par vous cher Maître comme une petite élève.

« Si toutefois vous veuillez accepter agréez cher Maître toutes mes excuses de venir vous importuner.

« Recevez aussi cher Maître, mes civility [sic] toutes distinguées.

« Toute à vous,
« MERCÉDÈS DEL M...
27, rue Jacob. »

CHAPITRE V

L'ennemi intime de Verlaine, c'était l'Ennui :

L'âme seulette a mal au cœur d'un ennui dense.

Avec son humeur vagabonde, sa sensibilité maladive, il avait besoin de vivre au dehors. C'était un passionné de la vie exubérante et intense.

Grand seigneur à ses heures, il était aussi très peuple. Il adorait converser avec les humbles ; il était homme à passer des heures attablé au guéridon de marbre d'une terrasse, ou appuyé sur sa canne devant le zinc d'un marchand de vin.

S'intéressant à tout ce qu'il voyait et entendait autour de lui, il ne songeait même pas toujours à faire renouveler sa consommation.

C'est dans de tels endroits qu'Anatole France, un de ses vieux amis, l'a rencontré à plusieurs reprises, puis l'a décrit et mis en scène dans ses romans. Pourtant, il ne faudrait pas prendre pour un portrait fidèle son Choulette, qui ne ressemble que lointainement au poète.

Le vrai Verlaine, celui que nous avons connu, buvait pour ainsi dire avec le premier venu.

Il était demeuré l'homme rustique, « le pedzouille » comme il disait, trinquant à l'estaminet où il n'est guère de mode, entre clients, de faire des présentations.

Il y a, dans ce simple fait, une bonhomie familière, qu'aucun des biographes de Paul Verlaine n'a mise suffisamment en lumière.

Ses détracteurs ont prononcé, à propos de lui le mot de « poète de café ». Mais il faudrait s'entendre sur le sens de cette expression. Un *poète de café* est-il celui qui *va* souvent au café, ou celui qui y écrit, et qui y compose ses œuvres?

Certes, Verlaine hanta ces salons du pauvre :

— J'ai bu beaucoup — avoue-t-il lui-même dans ses « Confessions ».

« On a d'ailleurs », comme l'a écrit Laurent Tailhade lui-même, « fort exagéré l'ivrognerie de Verlaine » et « la malignité des chroniqueurs a poussé au noir, chargé le tableau de déportements, hélas ! trop véritables ».

Jamais, nous pouvons l'affirmer, Verlaine ne fit un vers au café. Il se contentait d'y corriger parfois des épreuves ou d'y griffonner une lettre pressante.

L'on ne pourrait pas en dire autant de beaucoup d'illustres contemporains qui furent, dans toute l'acception du mot, des poètes de café.

Alfred de Musset, habitué de la « Régence », y vivait toute la journée. Il n'en sortait qu'à la fermeture, respectueusement suivi à distance par un garçon qui avait la mission délicate de veiller à ce qu'il rentrât chez lui sans accident et au besoin de le monter jusqu'à son appartement.

On connaît le goût d'Edgar Poe qui trouvait dans l'alcool un stimulant intellectuel et qui écrivit dans les tavernes ses pages les plus étonnantes.

Plus près de nous, le bon poète Gabriel Vicaire et notre grand Raoul Ponchon ne se défendirent jamais d'aimer le tumulte joyeux des conversations de brasserie. Ils y écrivirent maints beaux vers.

Catulle Mendès rédigeait au « Café Napolitain » des chroniques étincelantes de facilité et d'érudition.

Le glorieux Ibsen, lui-même, vivait à l'hôtel.

Il est vrai que l'appartement qu'il y occupait était beaucoup plus confortable que l'humble garni du Pauvre Lelian. Mais le grand dramaturge passait au café la meilleur part de sa journée.

Installé derrière une haute vitre, et de façon à ce que les passants, admirateurs enthousiastes, ou simples curieux, pussent contempler sa belle physionomie énergique et son haut front de penseur encadré de cheveux blancs, il écrivait, en buvant à petits coups. Sa ration quotidienne était d'un litre de ce cognac très fort en degré, que les exportateurs distillent spécialement pour leur clientèle scandinave.

Ibsen avait d'ailleurs formé le dessein de venir à Paris, et de faire la connaissance de Verlaine. Celui-ci en fut instruit par les journaux. Mais quelqu'un ayant fait observer que l'entrevue des deux grands hommes perdrait beaucoup de son charme puisque Ibsen ne savait pas un mot de français, et que Verlaine ignorait complètement la langue danoise, d'où dérivent le suédois et le norvégien, Verlaine eut un bon sourire :

— Bah ! dit-il, puisque Ibsen adore les liqueurs fortes et que, moi, je ne les déteste pas, je lui offrirai un verre, et nous nous comprendrons tout de suite !

Cette entrevue, préparée, croyons-nous, par Lugné-Poe, n'eut pas lieu et ce fut dommage !

Ce ne fut pas, d'ailleurs, sans une longue et vive résistance, que le poète s'enlisa dans ces habitudes de beuverie, qui devaient lui être si fatales. Il lutta héroïquement contre la faiblesse de sa nature.

Nous tenons de son ami et biographe Ernest Delahaye, auquel il succéda en qualité de professeur au collège de Réthel (1878), qu'après son voyage en Angleterre, en compagnie d'Arthur Rimbaud, et sa détention dans la prison de Mons, Paul Verlaine resta près de cinq ans sans boire d'absinthe.

Depuis 1873, jusqu'au commencement de l'année 1877, il fit preuve d'une sobriété exemplaire.

Ce fut au cours des années 1877-78 et 79, qu'il reprit son ancienne et funeste habitude.

Il était alors professeur au collège ecclésiastique de Réthel. Le menu des Pères était assez confortable; la nourriture était bonne, et les professeurs avaient droit à un litre de bon vin gris des Ardennes, pour quatre, et à un petit verre de kirsch, après le repas.

Hélas! le kirsch était excellent! Peu à peu, Verlaine s'habitua à en prendre deux verres, puis trois, et enfin recommença les jours de sortie, à siroter de temps en temps une petite absinthe.

Une fois ou deux, il rentra au collège un peu gris. Les Pères lui firent à ce sujet quelques observations dont il promit de tenir compte.

Durant quelques mois, on n'eut plus de reproches à lui adresser. Il tentait courageusement de remonter la pente fatale, sur laquelle il se sentait glisser.

Puis, brusquement, un beau soir, il revint tout à fait ivre; et, avec l'arrogance des gens qui ont bu, il envoya promener l'économe et le supérieur qui se permettaient de lui « faire de la morale »!

Qu'il eût tort ou raison, Verlaine était d'une nature trop entière pour consentir à des excuses envers qui que ce fût. On le remercia. De ce fait, il se trouvait de nouveau rejeté dans une existence irrégulière et vagabonde dont il tenta de sortir en se livrant à des essais d'agriculture et de vie paysanne.

Dans la ferme de Juniville (près de Réthel) qu'il avait achetée, il eût pu être très heureux.

— Au village, dit encore Delahaye, si l'on reste chez soi, c'est le bonheur et l'indépendance plus que dans les villes.

Malheureusement, Verlaine était un cultivateur par trop fantaisiste. Il s'extasiait devant un beau paysage; il se plaisait à décrire, avec un charme virgilien,

> La vie humble aux travaux ennuyeux et faciles.

Mais, comme le fait si justement remarquer Edmond Lepelletier, ces mains qui tenaient la lyre étaient inhabiles à manier la bêche. Verlaine man-

VERLAINE AU CAFÉ VOLTAIRE.
Dessin de F.-A. Cazals.

quait d'expérience pratique. Puis, bientôt, l'ennui, le terrible ennui, revint l'assaillir. Il prit vite l'habitude de fréquenter les cabarets de village, trinquant avec les paysans, en camarade, et entamant des discussions qui, par malheur, finissaient mal, tantôt en querelles et tantôt en rixes et en bagarres.

Puis, les malheurs arrivent à la file ; l'élève et le fils adoptif du poète, Lucien Létinois, vient à mourir, la ferme est vendue, Verlaine revient à Paris et nous le voyons en 1881 logé à Boulogne-sur-Seine et faisant pour être réintégré à l'Hôtel de Ville des démarches, infructueuses, malgré l'appui d'Edmond Lepelletier.

En désespoir de cause, Verlaine retourne avec sa mère s'installer à Coulommes et il y tente de nouveaux essais de culture aussi malheureux que les précédents ; à peu près ruiné il est forcé de revenir à Paris, et c'est là qu'en 1886 sa mère meurt ; en même temps Verlaine apprend que sa femme divorcée vient de se remarier à un M. Delporte.

Au milieu de cette existence désemparée par de successives catastrophes Verlaine ne pouvait guère se corriger des habitudes d'intempérance contractées sous l'influence du chagrin. Plus que jamais il continua à chercher l'oubli

en des breuvages exécrés,

mais avec cette aggravation que lorsqu'il vivait avec les paysans il ne se grisait que le dimanche, tandis qu'à Paris, il eut soif tous les jours.

Depuis lors, la vie de café resta pour Verlaine une exigence impérieuse, et ce fut pour lui un grand malheur.

Rimbaud disait de Verlaine : « C'est un enfant charmant, violent et dangereux quand il a bu. »

Les milieux littéraires qu'il fréquenta alors n'étaient guère faits pour lui donner l'exemple et le goût de la sobriété. Encore faut-il remarquer que Verlaine, contrairement à beaucoup de poètes de cette génération, ne s'adonna jamais au haschich, è l'opium, à l'éther et à la morphine, comme c'était alors une mode courante. Il professait pour ces poisons de l'intelligence une véritable horreur.

— Je ne comprends pas ces monomanes — disait-il —... Est-ce que nous n'avons pas assez de l'alcool et de l'absinthe, pour annihiler notre pauvre volonté?

Il resta donc fidèle à la sorcière verte (1) et il est à noter que cette redoutable démone se montra relativement indulgente envers lui. Le poète, en effet,

____

(1) L'absinthe est trop méchante pour être une fée, disait Verlaine, c'est une sorcière et la pire de toutes.

conserva, jusqu'au dernier moment, une lucidité parfaite. Ce ne fut qu'à la fin, tout à fait à la fin de sa vie, qu'il souffrit de maux d'estomac; encore faudrait-il les attribuer aux médicaments énergiques qu'on lui administra, plutôt qu'à l'absinthe elle-même.

Verlaine eut toujours un excellent appétit; et il expliquait, avec une certaine complaisance, que l'absinthe, ennemie du cerveau, des yeux et du foie, est sans effet sur le fonctionnement du tube digestif, pourvu qu'on ait soin de la diluer suffisamment.

— C'est, en somme — concluait-il — un stomachique, mais perfide... C'est comme un ami traîtreux, qui, sous le manteau vert de l'espérance, essaierait de vous crever les yeux, ou de vous percer les flancs.

A de rares exceptions près, Verlaine ne but jamais autre chose que de l'absinthe, de la bière, surtout de la petite bière du Nord, et du rhum à l'eau.

Pourtant il s'oubliait parfois jusqu'à prendre un amer picon; il ne manquait pas alors de citer à propos le vers de Mallarmé :

Dans le flot sans honneur de quelque noir mélange...

A cette occasion nous nous rappelons que le poète Stéphane Mallarmé, qui aimait très sincèrement Verlaine, et lui prouva maintes fois son affection d'une façon efficace, lui écrivit un jour une lettre d'amicale gronderie qui se terminait par une invitation au Pauvre Lélian à se montrer plus « champêtre».

Champêtre, dans le style pompeux et imagé de Mallarmé, signifiait plus idyllique et, comme Verlaine le comprit fort bien, moins ivrogne.

Le Pauvre Lélian fut un peu blessé de la semonce.

— Mallarmé est un ami charmant et un poète délicieux, déclara-t-il, et je suivrai ses conseils de tout point... Je vais donc me commander une absinthe ! C'est en somme, au fond, la seule liqueur qui, par sa viridité, évoque un peu les frondaisons... champêtres de cet « ami de la nature » !

Et, sur-le-champ, il le fit comme il le disait.

Stéphane Mallarmé, d'ailleurs, n'était pas le seul à donner de bons conseils à Verlaine.

Bien souvent, même, les jeunes poètes qui l'entouraient et qui voyaient que le maître en était à son troisième ou à son quatrième apéritif, vidaient à la dérobée son verre sous la banquette. Verlaine se trouvait alors tout surpris d'avoir tant bu et de se trouver si peu ému.

Ces scènes avaient généralement pour théâtre le café François Ier, sur le boulevard Saint-Michel, presque en face de la grille du Luxembourg, dans

un local actuellement occupé par une galerie
d'art.

La première salle du café constituait alors un
véritable cénacle, où se pressaient les jeunes poètes
enthousiastes, et où les reporters des grands quotidiens allaient interwiever Verlaine.

Charles Morice y soutenait de longues discussions philosophiques avec Adrien Remacle; Jean
Moréas et Raymond de la Tailhède y dialoguaient
sur le mode apollonien; Henrique Gomez y Caril-
lo parlait, assez haut, à Charles Maurras, de son
prochain livre ou de son dernier duel; Stuart Merrill et Adolphe Retté y échangeaient des paradoxes
poétiques et libertaires; Laurent Tailhade y venait
demander à Verlaine de lui orner d'une amicale
dédicace quelque *Bonheur* ou quelque *Amour*
acquis chez Vanier cependant que Maurice Boukay
sollicitait du Pauvre Lélian une préface pour son
premier volume de vers. On y voyait parfois Henri
Beauclair, Gabriel Vicaire et Narcisse Quellien.
Verlaine y conduisait les habitués de ses « Mercredis » et Mme Rachilde était plutôt émue de se
trouver assise entre Villiers de l'Isle-Adam et
l' « Assassin ». Édouard Dubus, René Leclerc de la
Villoyo, Henri Degron, Fernand Clerget, Léon Deschamps, Fernand Langlois, Henry d'Argis, Léon

Maillard, Niederhausern-Rodo et Gabriel de Lautrec, tous amis du poète à des degrés divers, fréquentaient, plus ou moins, ce café François Ier qui fut, pour ainsi dire, le quartier général de Verlaine. Il y donnait à toute heure rendez-vous à ses fidèles. C'est' là, enfin, que les auteurs de ce livre étaient à peu près sûrs de le retrouver lorsqu'il les avait chargés de quelque mission de confiance.

Cette atmosphère de réelle cordialité, de causerie érudite ou subtile, était devenue pour lui une nécessité. Quand il se réveillait par un triste matin d'hiver, dans la désolation banale d'une chambre l'hôtel garni, une profonde tristesse s'emparait de lui. Pour fuir la solitude corrosive, l'odieux ennui, Verlaine descendait, « boitant en archange foudroyé », a dit Rachilde, et il gagnait l'endroit où il savait rencontrer bonne et vivante compagnie.

Cet endroit était et ne pouvait être que le café, étincelant de lumière et de gaîté, rempli d'amis et d'admirateurs. Souvent il s'y montrait sobre, mais pour peu qu'il fût sous le coup d'un chagrin, il cédait aux entraînements de la sensualité, il buvait alors immodérément, mais non à la façon d'un buveur vulgaire.

L'alcool était pour lui un véhicule magique qui le transportait dans les féeriques espaces de l'irréel.

C'était encore comme le nuage dans lequel s'enveloppe un dieu ; c'était comme le rideau de pourpre et d'or tiré sur l'existence atroce et laide d'ici-bas :

Ah ! si je bois c'est pour me saouler non pour boire.
Être saoul vous ne savez pas quelle victoire
C'est qu'on remporte sur la vie et quel don c'est !
On oublie, on revoit, on ignore et l'on sait ;
C'est des mystères pleins d'aperçus, c'est du rêve
Qui n'a jamais eu de naissance et ne s'achève
Pas et ne se meut pas dans l'essence d'ici ;
C'est une espèce d'autre vie en raccourci (1).

Pour expliquer la psychologie spéciale de Paul Verlaine, il faudrait relire « Le Démon de la Perversité » d'Edgar Poe... Comme le poète américain, avec lequel Verlaine avait plus d'un point de rapport, il succombait à l'invincible tentation de commettre tous les actes qui pouvaient lui être nuisibles, tout en ayant parfaitement conscience du tort qu'ils lui causeraient. Il savait qu'il ne devait pas boire. Même, parfois, il le démontrait éloquemment à ceux de son entourage ; et pourtant, il buvait.

Verlaine a laissé sur les sensations produites par l'alcool des notes très subtiles, et qui prouvent qu'au milieu de ses pires exaltations, il demeurait parfaitement conscient.

(1) *Jadis et naguère.*

Parlant de la fièvre, il dit, dans ses *Confessions* :

C'est un peu comme certains moments de l'ivresse, où l'on croit se rappeler qu'on a vécu le moment où l'on est, et le vivre en ce moment-là.

Sous le coup de ces excitations perpétuelles. Verlaine ne dormait guère. C'est à peine s'il reposait quelques heures, chaque nuit, d'un mauvais sommeil. Dès l'aube, il était debout. Alors, il se levait, et allait faire un tour matinal dans le quartier.

Il flânait dans les environs du Panthéon, entrecoupant sa promenade de haltes plus ou moins longues, dans les tavernes qui lui étaient familières. Un temps, il fréquenta, rue Descartes, un minuscule cabaret, tenu par une vieille dame, que l'on appelait sans cérémonie la mère Agathe, et dont les deux filles se préparaient aux examens du Conservatoire.

Ces deux artistes en herbe étaient charmantes, polies et fort sages. Elles connaissaient par cœur quantité de vers du Pauvre Lélian, qu'elles prenaient plaisir à lui réciter, ce dont il se trouvait très flatté.

Ce petit cabaret était aussi le rendez-vous de jeunes politiciens à tendances vaguement révolutionnaires. L'un d'eux, M. Pichon, a fait, comme on le sait, une fortune brillante et rapide.

Verlaine fréquentait encore l'Académie, cette distillerie de la rue Saint-Jacques, dont la monographie serait à faire.

La tradition veut qu'à sa fondation, vers la fin du XVIIIe siècle, les murs de l'établissement aient été garnis de quarante tonneaux remplis d'eau-de-vie. A l'époque ou Alfred de Musset y fréquentait avec ses amis, chaque fois qu'un académicien venait à mourir, il était d'usage de mettre en perce un des quarante tonneaux après l'avoir orné d'un crêpe.

Plus tard, après la guerre, les Parnassiens qui habitaient la rive gauche s'y arrêtèrent souvent, lorsqu'ils redescendaient en groupe de leur habituel lieu de rendez-vous, la Brasserie des Martyrs.

Cette académie, autrement dite « Institut Pellorier » du nom de son tenancier d'alors, fut célébrée en maints couplets dont certains sont attribués à Raoul Ponchon (1).

(1) Dans la vill' de Paris,
    M... M... pour Versailles
    Dans la vill'de Paris
    Y a deux Académies.

    L'une ous qui sont quarante
    Qui vivent de leurs rentes,
    L'autre au quartier latin,
    Qui s'tient chez le chand'vin.

Vers 1895, Verlaine allait encore à l'Académie; à cette époque, il ne restait plus qu'une vingtaine de tonneaux, mais on ne les voilait plus quand mourait un académicien; la tradition s'était perdue.

La clientèle était composée de jeunes poètes, de rapins chevelus, de camelots, de chanteurs des rues, ou de dames qui, comme la République de Forain, avait été belles sous l'Empire, enfin de quelques artisans du quartier, parmi lesquels le vénérable relieur, Hippolyte Prouté, fournisseur habituel des Symbolistes, après avoir été celui des Romantiques et des Parnassiens.

Verlaine avait plaisir à y rencontrer Édouard Jacquemin, personnage érudit et curieux, de son métier dessinateur au Muséum. Jacquemin connaissait par cœur tout Victor Hugo et rimait lui-même, avec talent.

L'Académie n'existe plus depuis quelques années; elle a été remplacée par une boucherie.

On rencontrait aussi notre poète dans un petit café situé presque à l'angle du boulevard Saint-Michel et du boulevard Saint-Germain, près du bureau des omnibus et où se réunissaient les agents de la Sûreté; puis dans un établissement qui est devenu la « Chope latine » et qui était alors une simple boutique de marchand de vin, au coin de la rue

Monsieur-le-Prince et du boulevard Saint-Michel.

Verlaine allait encore, mais rarement, au Voltaire. Il était sûr d'y rencontrer, le lundi soir, ses vieux amis Émile Blémont et Albert Mérat, mais il fut surtout l'habitué du Soleil d'Or et, sur la fin de sa vie, du Procope, deux cafés qui eurent leurs jours de splendeur littéraire.

C'est dans le sous-sol du Soleil-d'Or, au numéro 1 du boulevard Saint-Michel, que se tinrent les célèbres « Soirées de la Plume ». Elles avaient lieu tous les samedis et réunissaient l'élite des écrivains et des artistes qui, célèbres ou inconnus, représentaient les tendances ultra-modernistes d'alors.

Mais, en semaine, le sous-sol était occupé, par un concert d'amateurs, un caveau dirigé par un chansonnier nommé Henri Méryc. Le poète ne se déplaisait pas dans cet endroit que hantait une clientèle un peu mêlée. Il avait le plaisir d'y entendre les chansons amicalement satiriques dont il était le héros.

Comme tous les grands hommes, Verlaine fut en effet très chansonné. Malheureusement la plupart de ces couplets satiriques sont tombés dans l'oubli. Citons, cependant, à côté du « Rhum à l'eau du troubadour » et du « Grand poète (1) » de Cazals,

_____

(1) *Le Jardin des ronces*, édition de la *Plume*, Paris, 1902.

un « Verlaine devant l'Éternel » de Saulgrain,
un « Verlaine à Broussais » de Gaston Dumestre, et
un « Verlaine à l'Académie » de Marcel Baillot. Henri
Méryc lui-même, qui, entre deux chansons rosses,
déclamait, d'une voix un peu enrouée, des strophes
de Verlaine et principalement la pièce qui commence par ce vers :

Je fais souvent ce rêve étrange et pénétrant

ne manquait jamais, aux applaudissements d'un
auditoire sympathique, de chanter certains couplets
de lui dont le refrain se terminait ainsi :

L'poèt'Verlaine irait en équipage
C'est malheureux qu'il ait un trou sous l'nez (*bis*).

Ces improvisations avaient un parfum d'argotisme et de truandaille que notre moderne Villon
savait apprécier et ne l'empêchaient pas d'être en
excellents termes avec leurs auteurs.

Henri Méryc, que sa direction n'avait pas enrichi,
se vit forcé d'organiser une représentation à son
propre bénéfice et Verlaine en accepta la présidence d'honneur. Il s'acquitta gravement de ses
fonctions et consentit de bon cœur à réciter quelques-uns de ses derniers poèmes.

C'est encore au caveau du « Soleil-d'Or » qu'un
poète chansonnier, Dalibard, grand admirateur du

DESSIN DE F.-A. CAZALS

maître, se grimait en Verlaine, et mimait sa démarche
claudicante, tout en faisant applaudir les plus
beaux vers de *Sagesse* et de *Parallèlement*.

Somme toute, Verlaine aimait le Soleil-d'Or où il se sentait chez lui, et c'est là qu'en sortant de chez Vanier, il faisait généralement une première halte, quand ce n'était pas chez le mastroquet dont la boutique fait l'angle du quai et de la rue des Deux-Ponts.

Le café Procope, l'antique et classique Procope de Voltaire et de Rétif de la Bretonne, attira et retint longtemps notre poète. La société y était plus choisie que dans les caveaux.

J.-K. Huysmans et Paul Arène avaient trinqué à la table de Voltaire.

Laurent Tailhade, Édouard Dubus, le père Parfait (1), Emmanuel Signoret, Alfred Poussin, Henri Degron, Ibels, Charles Morice, Henri Bouillon, Léon Duvauchel, Xavier Privas, Jules Moulin, le sculpteur James Vibert et son frère le graveur Pierre-Eugène Vibert, Pierre Trimouillat, Fernand Hauser, Édouard Jacquemin, Raoul Minhar y fréquentaient assidûment.

Certains soirs, au premier étage de l'établissement fondé par Procopio, on récitait des vers et

______

(1) M. Berthelot, dit Parfait, le savant professeur de droit international.

l'on jouait la comédie. Georges Wague pour ses débuts
y déclamait :

> Ce n'est pas Pierrot en herbe
> Non plus que Pierrot en gerbe,
> C'est Pierrot, Pierrot, Pierrot !

On y chantait, sur l'air de Cadet-Roussel :

> Tandis qu'Verlaine est à Broussais
> Nous buvons la bière de Pousset
> Demain, il sera des Quarante
> Buvons au roi des Fêt's Galantes
> Ah ! Ah ! Ah oui vraiment
> L'Procope est un café charmant.

C'est là sur la scène minuscule du Procope que
fut représentée pour la première fois *Madame Aubin*
et que Verlaine fit, en présence de ses vieux amis
du Parnasse, sa conférence sur Marceline Desbordes-
Valmore.

C'est, enfin, au Procope qu'eut lieu le fameux
banquet dit « des bohèmes » (protestation contre
le banquet officiel, à six francs, du café Voltaire) à
l'occasion de l'inauguration, au Luxembourg, du
buste de Mürger par Henri Bouillon.

Empêché par la maladie, Paul Verlaine ne put
assister à ces agapes. Mais il adressa à Cazals la
lettre suivante :

Paris, le 25 juin 1893.

Monsieur le Président,
On ne saurait assez, en effet, multiplier les manifes-

tations en l'honneur de la mémoire d'Henri Mürger et j'applaudis à l'idée d'un autre banquet peut-être mieux approprié à l'inauguration d'un buste.

Ma santé ne me permet d'assister ni à l'une ni aux autres, mais j'y serai d'intention.

Car en dépit des... sévères appréciations de quelques-uns qui auraient pu et dû se taire, Mürger reste et doit rester dans toutes les mémoires des lettrés, des lettrés français, du moins, et certes, parmi ceux-ci, des lettrés parisiens.

Il appartenait à ce café Procope, qui fut toujours fréquenté de la Bohême, et surtout — et uniquement de celle qui travaille — de réunir sous vos si heureux auspices, monsieur le Président et cher ami, tous les Colline et Schaunard qui ne peuvent guère donner six francs, même dans une occasion aussi solennelle.

J'admire aussi le menu (1) et vous quitte avec tous mes vœux pour que le lapin ne soit pas bicéphale.

A toi, mon cher Cazals, et à vous tous et toutes, bien cordialement.   P. VERLAINE,
16, rue Saint-Victor.

(1) Le voici :

Bouillon (II.) et Bœuf.
Légumes du pot-au-feu.
Radis nature.
Saucisson Phémie.
Lapin (sans têtes).
Cornets de frites.
Salade.
Dessert.
Fraises des bois. Cerises de Montmorency.
Demi-bouteille de vin.
Chansons de Mürger.

(Le prix de ce banquet avait été fixé à 2 francs.)

La gaîté, chez Verlaine ne perdait jamais ses droits. Mendès et Coppée avaient, dans le *Journal*, reproché, au chantre des « Buveurs d'eau » et de la « Vie de Bohême » son style incertain et lâché. Rodenbach avait fait chorus :

On bafouait surtout cette métaphore :

> Et si tu frappais à ma porte
> Mon cœur, Musette, irait t'ouvrir.

Verlaine, à ce propos disait :

Je ne vois pas trop pourquoi Coppée cherche noise à Mürger pour ce cœur qui va ouvrir une porte quand lui-même nous avoue avoir senti un bonnet à poil se hérisser dans le sien ! Certes, Mürger n'est pas un grand poète, mais il écrivait *suffisamment* le français; et de ceux qui le contestent, on n'en pourrait peut-être pas dire autant. Qu'il ait été, ou non, ce qu'on appelle un « Bohême », je n'en ai cure. Il n'y a aucune vanité a tirer de la situation de « poète pauvre » et nous ne faisons pas exprès de pâtir. Mais il faut combattre l'infortune, et c'est le rôle de presque tous les poètes.

Dans tous ces endroits (1) Verlaine était connu, aimé et respecté. Presque partout on lui faisait crédit. Si, par hasard, il se trouvait démuni, il déclarait,

---

(1) Citons, pour mémoire, les *Alpes Dauphinoises*, le *Monôme*, la *Gauloise*, les *Escholiers*, les *Macchabées*, et autres caveaux de second ordre que Verlaine visitait parfois et qui furent fermés par un arrêté de police du 27 mai 1895.

en désignant les soucoupes d'un geste superbe, qu'il
« assumait les consommations », et se retirait en
boitant majestueusement. D'ailleurs il finissait toujours par payer les petites dettes qu'il avait contractées envers les « marchands de mort subite ».

A de lointains intervalles, il arrivait aussi que le
poète, ayant touché « quelques ors », entreprît un
voyage à Montmartre, où il comptait de nombreux
amis.

Presque toujours il s'arrêtait au « Cabaret du
Clou », avenue Trudaine, dont il avait été l'un des
habitués, après son retour de Juniville.

Mais, souvent aussi, il tournait à gauche, et suivait la rue Victor-Massé, jusqu'au « Chat-Noir » où
il était sûr de trouver son beau-frère Charles de
Sivry et sa charmante nièce, Mlle Claudie de Sivry.

Bien que compositeur déjà illustre, de Sivry tenait
le piano pour le compte de Rodolphe Salis.

Au Chat-Noir, Paul Verlaine recevait un accueil
enthousiaste. C'étaient des applaudissements, des
acclamations délirantes et l'on manquait rarement
d'exécuter l'exquise musique écrite par de Sivry sur
« les chevaux de bois » et sur d'autres poésies du
maître.

Une fois même, le poète se risqua jusque chez
Bruant; il fut admirablement reçu par le chan-

sonnier populaire, tout fier d'une pareille visite.

Paul Verlaine se retira emportant les œuvres du cabaretier ornées d'une respectueuse dédicace...

Dans ses excursions à Montmartre il n'avait garde d'oublier le « Divan-Japonais » tenu par Sarrazin, le « poète aux olives ». Celui-ci dirigeait une publication, la *Lanterne japonaise*, illustrée par Georges Auriol et pour laquelle il demanda à Verlaine sa collaboration.

Le poète allait encore, à de rares intervalles, dans l'établissement occupé aujourd'hui par la brasserie Muller et Blaisot — chez Guerbois — où fréquentaient un groupe de Parnassiens, son ami Léon Dierx, entre autres, son futur successeur comme Prince des Poètes.

Comme on le voit, il était assez éclectique dans le choix des établissements qu'il honorait de sa présence.

Mais, comme il avait *ses* cafés, il avait aussi *ses* restaurants.

Vers 1892, il était de mode dans un petit clan littéraire du Quartier Latin, d'aller quelquefois dîner dans un restaurant populaire situé rue de la Huchette, à deux pas du Château-Rouge ce sinistre repaire de truands que l'on a démoli depuis quelques années.

On rencontrait à la Huchette la clientèle la plus disparate. Les escarpes de la place Maub', les marchands de mégots y coudoyaient les vagabonds sans logis, les camelots vendeurs de jouets ou de journaux, ainsi que de braves maçons, des « ligorgniots » égarés, avec leur grande blouse blanche, dans ce milieu bizarre.

La Huchette était vraiment un restaurant de miséreux. Toutes les portions de viande étaient cotées quatre sous, et les portions de légumes, deux sous. On avait le droit d'apporter son pain.

La généralité des clients se contentait d'eau claire. Ceux qui buvaient du vin, qu'on délivrait à un comptoir spécial, mangeaient dans une petite salle à part.

L'habitude était de se servir soi-même.

On allait prendre une assiette à la pile située en évidence dans un coin, un couteau et une fourchette de fer dans un tiroir, puis, on s'approchait de la monumentale cheminée à carreaux de faïence située dans la grande salle, deux cuisiniers remplissaient là votre assiette et recevaient votre argent. Ces formalités remplies, on allait manger sa portion à un coin de table quelconque. Inutile de le dire, les serviettes, à la Huchette, étaient rares et usitées seulement par les « rupins » de la petite salle.

On juge de l'effet produit sur cette foule de miséreux, dévorant silencieusement leur pitance, quand
Verlaine faisait son entrée, entouré de jeunes
hommes à monocle, à haut-de-forme à huit reflets,
vêtus de romantiques redingotes à jupe ou de
manteaux à triple collet, d'une coupe extravagante
mais classique.

Le poète Maurice Du Plessys s'y rendit un jour
avec un pantalon à bandes dorées ! Il était accompagné du bucolique Ernest Raynaud et de l'âpre et
inquiet Paterne Berrichon, drapé dans un ample et
sévère pardessus à pèlerine.

La plupart de ces jeunes gens venaient dans cette
caverne par dilettantisme, pour raconter dans les
salons qu'ils avaient exploré les bas-fonds de Paris;
mais d'autres aussi n'étaient guère plus « argentés »
que les clients ordinaires de la Huchette.

Dans cette petite salle humide et nue, aux murailles visqueuses, il se passait parfois des scènes amusantes.

Un jour Verlaine et cinq de ses amis vinrent à la
Huchette, assez mal pourvus d'argent. Suivant l'u-
sage chacun mit à la masse. Tout compte fait on put
réunir la somme nécessaire pour permettre à chaque
convive de prendre une portion, et un demi-setier du
vin épais et noir de l'établissement. Mais rien de plus.

Tous firent la grimace, et le début du repas, quoique assaisonné par l'appétit, fut des plus mornes.
Seul, un des compagnons de Verlaine, F.-A. Cazals,
avait un sourire malicieux.

Chacun venait de terminer son assiette de « cheval bourguignon » lorsque Cazals tira de sa poche
une pièce de deux francs et la déposa fièrement sur
la table.

— Sournois ! — s'écria Verlaine — tu ne nous avais
pas dit cela, et tu mériterais d'être mis à l'amende...
Mais nous allons, messieurs, n'est-ce pas? demander
des suppléments.

Les suppléments étaient à peine expédiés que
Cazals, toujours impassible, découvrit miraculeu-
sement une autre pièce. Cette fois, c'était une pièce
de cinq francs.

Verlaine ordonna majestueusement au garçon de
rapporter quelques « kils du broc »! (1)

Ils étaient à peine bus, que Cazals, dont la poche
semblait aussi inépuisable que celle de Fortunatus,
exhiba une pièce de dix francs.

Cette fois, l'enthousiasme devint du délire; et le
patron, qui n'avait jamais vu pareille frairie dans
son établissement famélique, dut aller chercher du

(1) Le *kil* ou litre en broc tiré à même le tonneau coûtait un sou
de moins que le litre « en verre ».

bourgogne de sa cave personnelle et il le servit lui-même d'un air de profond respect.

Jusqu'à la complète extinction du louis unique que possédait Cazals, on trinqua à la santé du poète des Fêtes galantes.

Verlaine prit longtemps ses repas au restaurant Tarlé (1), rue Soufflot, à l'enseigne de l'Ancien-Cocher. Cette enseigne était une peinture à l'huile de Cazals, représentant un cocher rubicond et souriant, appuyé sur son fouet ; et c'était Verlaine lui-même qui, obligeamment, avait posé pour la jambe.

(1)   A MONSIEUR ET MADAME TARLÉ.

La mort, qui nous possède, et nous a sous sa peur,
Mais dont l'horreur nous est tellement coutumière
Que nous n'y pensons pas ou bien n'y pensons guère,
Sans quoi tous sécheraient, sur-le-champ, de stupeur,

A moins d'être les saints d'un temps pire et meilleur
Qui dans elle voyaient la bonne avant-courrière,
La mort prend mille aspects cruels et, dans sa guerre
Implacable, a le geste effroyable ou railleur.

Mais l'atroce, c'est quand une famille unie,
Belle, se voit encore embellie et bénie
D'un frais enfant, fleur de printemps, éclose dans

Les soucis consolés à jamais de l'automne
Et que l'Autre avec son hideux rictus atone
Vient désoler l'Automne et tuer le Printemps !

                        7 septembre 1893.
                        (Hôpital Broussais.)

Artiste et modèle furent payés en repas et en vins « à domicile » et dès lors Verlaine eut ses grandes et ses petites entrées dans l'établissement et y attira la troupe enthousiaste de ses disciples.

C'est au restaurant Tarlé que Verlaine dîna en compagnie de Marcel Schwob et du hollandais Bywanck qui a publié sur Verlaine de si curieuses pages.

Le poète demeura le client fidèle de la maison jusque vers 1893.

Ce ne fut que lorsque Tarlé vendit son fonds à un hôtelier moins ami des lettres et alla s'établir aux Halles que Verlaine cessa de fréquenter le restaurant.

C'est aussi vers cette époque que Verlaine fit la connaissance d'un extraordinaire mastroquet-restaurateur, nommé Viravaud, auvergnat de naissance, ancien secrétaire de mairie et fanatique admirateur du poète.

Son établissement se trouvait situé 262, rue Saint-Jacques, presque en face la rue des Feuillantines, sur les derrières de l'hôtel de Mademoiselle de la Vallière, maintenant remplacé par l'école Lavoisier.

Verlaine et quelques-uns de ses amis étaient venus manger une ou deux fois dans cet endroit de chétive apparence et n'y reparaissaient qu'à de longs intervalles. Mais, quand le sieur Viravaud sut à qui il avait affaire, il déclara hautement qu'il ne voulait pas que le grand Verlaine prît ses repas ailleurs que chez lui et il ouvrit un crédit illimité à la troupe bien endentée des poètes qui avaient l'honneur d'être les amis du grand homme.

Dès lors, le restaurant Viravaud devint une taverne littéraire à la mode. Verlaine y conduisit lui-même le romancier Herman Bang et le poète danois Sophus Claussen. Le chevalier Fritz de Zépelin, traducteur d'Ibsen, et son collaborateur, le vicomte de Colleville, camérier secret du pape, approchèrent aussi de l'humble comptoir de zinc leurs boutonnières fleuries de rosettes multicolores. Ébloui de posséder une si glorieuse clientèle, l'honnête Viravaud ne se sentit pas de joie. Il fit recrépir sa salle du premier étage qu'il réserva spécialement à Messieurs les poètes, leurs maîtresses, leurs amis, à l'exclusion de tous profanes.

Debout derrière Verlaine, une serviette sous le bras, il écoutait d'un air d'extase les discussions parfois bruyantes des convives, le cou tendu pour n'en pas perdre un seul mot.

Enfin, il jugea de son devoir de donner un grand dîner à sa clientèle favorite.

La chère fut exquise, et les vins choisis avec science. Au dessert, le patron récita lui-même quelques vers

de sa composition qui, on le pense, furent couverts d'applaudissements. Verlaine déclara, avec un
sourire bonhomme, que c'était là « d'assez bon Boi-
leau ».

Mais Viravaud nous avait réservé une surprise.

Il frappa dans ses mains et, à ce signal, des sculpteurs guitaristes qui faisaient partie des convives
saisirent leurs instruments et attaquèrent frénétiquement une habanera. En même temps, des dames
faisaient irruption dans la salle, et s'avançaient avec
un sourire modeste. C'étaient les deux bonnes de
Viravaud, auxquelles s'étaient jointes une demi-
douzaine de jeunes personnes de bonne volonté.

Le bal s'ouvrit et fut des plus brillants. Verlaine
y esquissa une sorte de cavalier seul que sa claudication rendait fort original, et, comme il le déclara
lui-même, unique en son genre, inimitable.

Malheureusement un tel état de choses ne pouvait longtemps durer. Peu de semaines après ce festin homérique, Viravaud dut fermer boutique et
se trouva sans asile et sans argent.

Un matin, un des auteurs de ce livre, qui habitait
alors rue Broca, vit arriver chez lui ce restaurateur des lettres françaises, muni seulement d'un
paquet qui contenait des chemises et d'autres objets
indispensables.

— Il ne me reste plus rien, dit-il avec simplicité.
J'ai pensé que, puisque vous avez aidé à manger
mon bien, vous ne me refuseriez pas l'hospitalité.

Son ex-client, profondément touché de cette grandeur d'âme, accueillit de son mieux Viravaud, pour lequel un matelas fut étendu par terre.

D'ailleurs, Verlaine et ses amis n'abandonnèrent point celui auquel ils devaient tant de gratitude.

Grâce aux relations du Maître, Viravaud, au bout de quelques semaines, fut casé chez un opulent plombier qui l'employa au placement des becs Auer et du gaz à domicile.

Nous avons revu le brave homme à de longs intervalles. Toujours épris de choses intellectuelles, cet ancien secrétaire de mairie auvergnate est devenu un fervent disciple de Tolstoï, mais il garde toujours un souvenir ému de cette heureuse époque où il fut l'hôte et le familier de Paul Verlaine.

Le poète n'oublia jamais, lui non plus, les heures pittoresques et charmantes qu'il avait vécues grâce à la bonne camaraderie du restaurateur des poètes.

En somme, quand Verlaine ne cherchait pas dans l'ivresse un palliatif à quelque noir chagrin, ses longues soirées de beuveries étaient le plus souvent consacrées à de fines causeries littéraires ou parfois à d'innocents divertissements, d'une gaîté sans fiel. Voici par exemple le récit d'une soirée du poète à la brasserie Müller que nous traduisons d'un livre du poète danois Sophus Claussen paru en 1895 (1).

« Un soir, j'avais fait de nombreuses stations dans les caveaux et cafés du boulevard Saint-Michel ; j'avais distribué beaucoup de poignées de main et j'avais discuté amicalement avec des poètes catholiques ; avant de rentrer chez moi, je m'attardai encore un peu à la tapageuse brasserie Müller.

Sur une banquette, à une petite table de marbre, Paul Verlaine était assis à côté de Mme Eugénie. Avec eux se trouvait M. Perroux, un ancien professeur à la Sorbonne, qui collabore maintenant occasionnellement au *Figaro*. Je me suis assis à leur table.

Verlaine buvait, à son ordinaire, de l'absinthe, et nous-même, vu l'heure avancée, trouvâmes bon de l'imiter — pour une fois. Le poète effeuilla une rose rouge et en laissa tomber quelques pétales dans chacun de nos verres. Sa face socratique rayonnait de bonne humeur et ses petits yeux bruns étincelaient de gaîté.

(1) *Antonius à Paris*. Copenhague, 1895. Sophus Claussen a écrit sur Verlaine d'admirables pages, mais, ce livre-ci n'étant point une œuvre de critique, nous nous contentons d'emprunter au grand poète scandinave l'amusant et vivant récit d'une de ses rencontres avec Verlaine.

Le feutre mou rejeté en arrière découvrait son
front orgueilleux. C'est l'éternel regret de Madame
Eugénie, que Verlaine n'ait jamais pú s'habituer à
porter le chapeau haut de forme — ce qui d'ailleurs
n'eût guère été en harmonie avec son costume.

— Dans ses moments d'humeur, il les aplatit,
soupire-t-elle.

Verlaine ne peut supporter la vue de ce noir
mensonge social aux reflets de soie; quand il est de
mauvaise humeur, il les démolit.

Perroux eut une idée pour amuser le Roi des
poètes qui, en des soirées pareilles, est heureux
comme un enfant. « Il faut, lui dîmes-nous, fon-
der un ordre de chevalerie et nous en nommer les
dignitaires. »

Perroux demanda plume, encre et papier, et de
l'enveloppe d'azur qui entourait notre tabac il
déchira et plia adroitement de petites bandes que
nous mîmes à notre boutonnière, pendant que Paul
Verlaine se mettait à écrire :

Ego πολ I Βασιλευς creavi.

Puis venaient en un surprenant mélange de grec,
de latin et de français nos nominations à la chevalerie du Vers.

Verlaine hésita un moment pour la couleur des

insignes entre le bleu et le vert (1) qui est la couleur de l'absinthe. Il décréta ensuite que notre citadelle serait le café Müller qu'il appelait dans son latin poétique *taberna mulierum*, vu la féminine floraison bigarrée qui s'y épanouit toujours.

Enfin il se leva, son lourd scion de chêne à la main, nous mîmes un genou en terre, Perroux et moi, et nous reçûmes l'accolade...

L'ordre était fondé; nous bûmes, nous autres chevaliers, à la santé du roi Paul Ier; nous vidâmes nos coupes verdoyantes où surnageaient les rouges pétales des roses... »

Cette existence un peu creuse, si mouvementée et si gaie qu'elle fût parfois, Verlaine pourtant ne la subissait qu'à contre-cœur et le courage lui a toujours manqué pour s'y arracher. Il l'a déclaré lui-même en maint endroit de ses livres.

(1) Verlaine se décida pour le vert comme le prouve le texte ci-dessous d'un procès-verbal de l'Ordre que nous avons retrouvé :

« Nous,

« Chancelier, gonfalonier et chevaliers soussignés de l'ordre illustrissime du ruban Vert-laine, avons tenu en toute amitié, plaisir et honneur à nous adjoindre et armer comme lai frère et chevalier X... avec tout le cérémonial usité.

« Et ont signé avec nous, tous chevaliers présents à ce hault parrainage, en l'année Verlainique et décadente, cinquantième de date.

« Ont signé, etc... »

Certes, il s'y abandonnait souvent avec délices, mais, revenu à lui-même, il était le premier à reconnaître les torts de sa paresse et de sa sensualité.

Il détestait, au fond, cette vie de café à laquelle il eût préféré une existence calme, heureuse, ignorée et surtout bien ordonnée.

Il a fait lui-même comprendre sa pensée à l'aide d'une amusante comparaison.

— A Londres, nous a dit M. Delahaye son vieil ami, le Pauvre Lélian avait fait emplette d'une paire de bretelles perfectionnées et qu'il montrait orgueilleusement.

« On ne le croirait pas s'écriait-il, eh bien ! c'est excellent pour le corps et pour l'âme. On se sent là-dedans tenu, retenu, maintenu. Autrefois, j'attachais mon pantalon avec une ceinture — signe de désordre moral. »

Faut-il ou non déplorer que le Pauvre Lélian n'ait pas toujours eu ces merveilleuses bretelles perfectionnées qui l'auraient tenu, retenu et maintenu dans les sentiers bourgeois d'une existence bien ordonnée ?

Nous croyons nous, qu'un Verlaine bourgeois ou fonctionnaire modèle, n'eût jamais écrit les sublimes vers de *Sagesse* et de *Parallèlement*.

Croquis de F.-A. Cazals (1894).

CHAPITRE VI

Verlaine était d'une extrême sociabilité; il avait,
si l'on peut dire, la manie de l'affection :

> J'ai la fureur d'aimer,

dit-il, non sans mélancolie; et volontiers il se fût
écrié avec La Bruyère : Je suis amoureux de l'amitié.
Il discernait avec une perspicacité extraordinaire et
rapide ceux qui lui plaisaient, ceux avec lesquels
il se sentait en communauté d'idées, d'opinions ou
de malheurs, et il ne les oubliait plus. Arrivé aux
portes de la mort, il conservait encore les amis de
son âge mûr, en même temps que ceux de son
enfance et de sa jeunesse.

Edmond Lepelletier, son biographe, était un
camarade de classe; Ernest Delahaye lui céda sa
place au collège de Réthel; Émile Blémont et

François Coppée le connurent bien avant la guerre de 1870. Villiers de l'Isle-Adam et Stéphane Mallarmé (1), furent toujours, en même temps que des amis très chers, ses véritables frères intellectuels.

Chez Verlaine, les affections, plus encore que les haines, étaient d'une intransigeance farouche. Il possédait une sorte de séduction, de charme prestigieux qui faisait qu'il était difficile, impossible même, de se fâcher sérieusement avec lui. Malgré les torts plus ou moins graves qu'on eût pu lui reprocher, on ne lui gardait pas rancune. S'il se montrait inexact aux rendez-vous les plus importants, si, parfois, il perdait toute mesure dans une discussion qui eût dû demeurer courtoise, il y avait, dans ses façons de s'excuser, de se repentir, tant de franchise, de naïveté et de malicieuse bonhomie, il déployait, pour donner de la vraisemblance aux prétextes plus

(1) Dans le *Figaro* du samedi 8 avril 1911, M. René Chil a consacré trois colonnes à des souvenirs sur Paul Verlaine et Stéphane Mallarmé, il conclut ainsi :

« ...Je suis le seul de ma génération à avoir vu en présence les deux maîtres [1886] qui ne devaient plus se rencontrer qu'une fois, d'un serrement de mains seulement, lors des obsèques de la mère de Verlaine. »

Contrairement à cette allégation nous pouvons attester, et d'autres amis du poète en témoigneraient comme nous, que Verlaine et Mallarmé ne cessèrent jamais de se voir, et cela assez fréquemment. Nous nous rappelons, notamment, les entrevues qui eurent lieu au Café Vachette, chez l'éditeur Vanier et à l'hôpital Broussais.

ou moins fallacieux qu'il inventait afin de se disculper, un art si merveilleux qu'on lui savait presque gré d'avoir eu tort et qu'on l'en aimait davantage.

D'ailleurs, quoi qu'on en ait dit, la sincérité de Verlaine dans ses amitiés était incontestable. Chaque fois qu'il le pouvait il se montrait le plus obligeant des hommes, dépensant parfois tout son argent, usant de tout le crédit que lui donnaient ses relations pour rendre service à « des gens » qu'il connaissait à peine mais qui lui avaient été, de prime abord, sympathiques.

Grâce à ses recommandations, nombre de personnages, qui l'oublièrent ensuite, parvinrent à se créer une situation, littéraire ou autre, ou même, tout simplement, à entrer à l'hôpital, ce qui, par les hivers rigoureux, n'est pas à dédaigner pour les poètes !

Malgré les attaques et les railleries d'une horde d'arrivistes et de plumitifs officiels qui avaient — et qui ont encore — un intérêt puissant à ce que le Poète fût méprisé et qui contestaient de parti pris ses chefs-d'œuvre les moins contestables, nul n'a suscité, ni gardé plus d'enthousiasmes, plus de sincères et affectueux dévouements.

La physionomie de Verlaine demeurerait incomplète si nous ne parlions de ceux qui, aux diverses époques de son existence, vécurent dans la même atmosphère intellectuelle et sentimentale, la créèrent ou la subirent.

Il eut des amitiés de tout ordre : il en eut d'humbles et de glorieuses, de tendres et d'héroïques, de dévouées et de tapageuses. Il ne sera donc ici question que des amis du poète que nous avons connus personnellement et qui, pour n'être pas toujours les plus notoires, furent parfois les plus intéressants.

Nous ne nous occuperons donc ni de Victor Hugo, ni de Sainte-Beuve, ni de Théodore de Banville, pas plus que d'Arthur Rimbaud et de Lucien Létinois (1). Nous glisserons même rapidement sur

(1) « ...De méchantes légendes ont fleuri monstrueusement sur la qualité d'affection unissant nos deux poètes, ces poètes dont l'œuvre eut une si saine influence sur les Lettres nouvelles. Il les faut défleurir ces légendes, car l'arbre de cette liaison fut chaste et ses rameaux d'amitié ne produisirent rien au delà d'une verdure de norme naturelle, malgré que lui-même, Verlaine, en ait complaisamment, parfois, laissé entendre. Oui, la laideur, pour le vulgaire, du faune des *Fêtes galantes*, sa psychique complexe, féminine un peu et ambiguë comme, en vérité et de près, l'était son physique, ont pu autoriser la floraison de ces légendes... Cependant, en dépit de maints chants verlainiens, il n'en fut jamais rien ; et pas plus avec Rimbaud qu'avec Létinois ou tel autre. Simplement, il y avait ceci, que Verlaine fut un homme de commerce très aimable et puissamment aimant et qui prétendait impérieusement à ce que jamais ceux qu'il avait élus ses amis ne se détournassent un instant de lui. L'amitié en cet homme, prenait les proportions d'une passion sans cesser d'être l'amitié ; et nombre de ses poèmes, au fait, sont là pour l'indiquer... » PATERNE BERRICHON, *Verlaine héroïque.* (*Revue blanche*, février 1896).

STÉPHANE MALLARMÉ.
Dessin de F. A. Cazals.

ceux de ses camarades du Parnasse que Verlaine avait perdus de vue dans les dernières années de sa vie.

Verlaine, de par le milieu même où il avait été élevé, fut un des Parnassiens de la première heure. C'est parmi eux qu'il conserva quelques-unes de ses amitiés les plus solides.

Verlaine se rappelait avec attendrissement les compagnons de ses débuts littéraires. Il écrit sur l'un d'eux, Charles Cros, qu'il avait en particulière estime (1) :

« ...Je connais Cros de longue date : je crois bien que nous nous sommes rencontrés pour la première fois chez son frère, le docteur Antoine, dans son salon de la rue Royale, où j'avais été introduit par Paterne Berrichon.

« A ces soirées on croisait bien du monde : un roi d'Araucanie première manière, des diplomates très décoratifs et des sportsmen des mieux meublants ; aussi des artistes et, naturellement, des poètes; mais on y eût en vain cherché des personnages dans le genre de certains d'entre ceux d'à présent, nos immédiats contemporains, hélas ! si cruellement appréciés par Louis Forain, un ami

(1) Le *Figaro*, 7 avril 1893.

d'alors et d'encore aujourd'hui. J'y fis également la connaissance d'Henri Cros, l'excellent statuaire et le cirier sans pair; de Cabaner, le sympathique musicien dont j'entends encore les sonnets en plainchant et les théories parfois abracadabrantes qui vous faisaient vous tordre sur place et penser «dans l'escalier»; du si regretté Valade et de mon bon ami Mérat, un charmant poète, aujourd'hui retiré au Sénat, etc., etc.

« Je retrouve Charles Cros et ses frères sans les avoir beaucoup quittés chez la tant délicieuse et tant littéralement pleurée Nina de Callias, où, parmi les enfants gâtés et terribles que nous étions, Villiers de l'Isle-Adam, Léon Valade, Stéphane Mallarmé, Henri Rochefort, Edmond Lepelletier, Emmanuel Chabrier, Charles de Sivry, et quel Paul Verlaine?... (1) »

C'est aussi dans le salon de cette charmante Nina de Callias, que Catulle Mendès essaya de peindre dans son roman : La *Maison de la Vieille*, que

(1) Coppée écrit lui-même, quelques mois après la mort de son vieil ami :

« ...Verlaine ne ressemblait nullement à cette époque [1866] au compagnon à crâne socratique, drapé dans des haillons de truand, que j'ai retrouvé de *longues années après* dans les brasseries du Quartier Latin et aux diners de la *Plume*. »

Voilà qui fait un étrange contraste avec le ton lyrique et attendri de l'oraison funèbre.

notre poëte rencontrait son ami Léon Dierx.

> Dierx ! dont le nom fait pour la gloire sonne clair
> Comme une bonne épée en la main d'un héros...

Dans les dernières années de sa vie, Verlaine ne
revit plus l'admirable poëte des *Lèvres Closes* qu'à
de longs intervalles, au café Guerbois, avenue de
Clichy (aujourd'hui : brasserie Müller) où fréquentaient jadis les Parnassiens. Ses autres amis Xavier
de Ricard, Sully-Prudhomme, André Lemoyne,
José-Maria de Heredia, Georges Lafenestre, Armand Silvestre, Maurice Bouchor, Jean Richepin,
n'entretenaient que des relations lointaines, quoique
cordiales avec Verlaine. Lui, pourtant, ne les
oubliait pas. De son lit d'hôpital, il écrivit à leur
éloge d'amusantes biographies et de curieux sonnets (1).

De même il demeura des années sans voir Coppée
pour lequel il eut toujours une sincère amitié, bien
qu'il ne fût guère payé de retour. Le poëte des
Humbles ne relia connaissance avec son ami de jeunesse et ne vint à son secours que lorsque celui-ci
commença, grâce à l'admiration enthousiaste
des jeunes, à devenir célèbre; et il lui fit payer

---

(1) Cf. *Amour*, *Dédicaces* et les vingt cinq biographies des *Hommes d'aujourd'hui*.

ses services par des réprimandes dont Verlaine se fût fort bien passé, mais qu'il acceptait, cependant, avec sa bonne humeur habituelle et toute la contrition dont il était capable.

C'est ainsi qu'un jour Coppée lui avait donné rendez-vous au *Café des Vosges*, qui existe encore, presque au coin de la rue de Sèvres et du boulevard Montparnasse. Sitôt qu'ils furent ensemble, Coppée fit les gros yeux et infligea au Pauvre Lélian une verte semonce.

— Nous ne sommes plus jeunes, mon cher ami, lui dit-il. Est-ce que cela te serait si difficile d'avoir une existence un peu plus... régulière?

Verlaine baissait le nez et approuvait en hochant la tête :

— Parbleu, oui, mon cher François, murmurait-il; tu as mille fois raison... Mais c'est que c'est diablement difficile de devenir aussi sérieux que ça !

Cependant Verlaine promit d'amender sa conduite; Coppée parut croire à ses promesses, et les deux poètes, après avoir vidé un modeste bock, se disposèrent à se retirer. Ils étaient arrivés près de la porte, lorsque Verlaine s'aperçut qu'il avait oublié son parapluie : ce détail banal eut le don de réveiller les fureurs endormies du poète académicien :

— C'est par les menus faits qu'on juge un homme, s'écria-t-il avec véhémence, vois combien tu es peu méthodique et mal ordonné ! Il pleut à verse, et tu oublies ton parapluie : c'est bien toi tout entier !

Verlaine ne répondit à cette admonestation virulente que par un vaste éclat de rire. Il venait de s'apercevoir que dans le feu de son éloquence comminatoire, le poète du *Reliquaire* avait laissé son chapeau accroché à la patère. Coppée en resta là de sa semonce et les deux amis se séparèrent après une, plutôt cordiale, poignée de mains.

Un autre poète catholique, mais dont le génie était d'une qualité plus proche de celui de Verlaine, fut grandement influencé par l'auteur de *Sagesse*, Germain Nouveau

> ... bon peintre et bon chrétien
> Et bon poète aussi — les trois s'accordent bien — (1)

a disparu, parti en pèlerinage les uns disent à Jérusalem, les autres à Saint-Jacques de Compostelle. Cependant, sous la signature d'*Humilis*, on vient de publier de lui de beaux poèmes parvenus à ses éditeurs par une voie mystérieuse (2).

Un parnassien qui demeura jusqu'au bout fidèle

(1) *Amour.*
(2) Voir page 174 des vers inédits de ce poète.

quoy! tu blasphèmes Dieu...

(sonnet)

Quoy! tu blasphèmes, Dieu, qui t'a créé, qui t'aime,
Qui de gloire et d'honneur voulut te couronner!
Estoit moins fou Typhon, après un bon diner,
Ne fust tant Goliath enivré de soy-mesme.

Si personne à ton front ne jette l'anathème
Et si pour toy Jupin oublia de tonner,
Penses-tu par hasard qu'à ta voix et ton air
Tout le Monde soit pris d'une frayeur extrème!

Un Roy, premier du nom, sans dire une ni deux,
Brusla sa langue infecte au blasphème hideux
Sous le mesme palais de ton garde françoise,

En chefs ont plus de goût, et moins de cruauté
Tu peux jusqu'au tombeau blasphèmer à grand'
                                              noise
Et ne faire que ça, toute l'éternité.

                                        Bénédict.

Respecter les fautes, et l'ostographe, le nom
ne pas imprimer. S.V.P.

à Verlaine, fut le poète Albert Mérat, mort tout récemment, et qui remplissait les fonctions de sous-bibliothécaire au Sénat. L'auteur des *Fenêtres fleuries* et de tant d'exquis poèmes devait figurer dans le célèbre *Coin de table*. Il refusa de poser, par inimitié pour Arthur Rimbaud, et Fantin Latour le remplaça « par un pot de fleurs ».

Verlaine voyait souvent Mérat au café Voltaire. C'est là qu'ils se rencontraient le plus souvent en compagnie d'Émile Blémont, de Léon Valade, de Mercier, de Burty, de Paul Arène, du docteur Raoul Gineste, le délicat poète des *Chats*, de Pierre Elzéar qui fut secrétaire de Victor Hugo, et de l'original docteur Weiss.

Leur conversation se prolongeait souvent jusqu'à une heure fort avancée, et souvent Verlaine reconduisit son ami jusqu'au pompeux vestibule du palais, avant que de regagner son modeste logis des hauteurs du Panthéon.

Émile Blémont entretint longtemps des relations épistolaires avec Verlaine. Chacun d'eux possédait ce qui manquait à l'autre : Verlaine, le génie que Blémont eût bien voulu avoir; Blémont, le sens pratique et la richesse que Coppée souhaitait au Pauvre Lélian. Ils étaient faits pour s'entendre.. Certes, il n'y eut jamais entre eux cette haute amitié qui unit dans une parfaite communion d'idées et de sentiment Verlaine, Mallarmé, Villiers. Mais leur correspondance, mi-littéraire, mi-familière, reste d'autant plus curieuse que tous deux, visiblement, surveillaient leurs phrases. C'était à qui se montrerait le plus sérieux, l'un en poésie, Blémont, l'autre en affaires et en respectabilité, Verlaine. Ces lettres ont tout le piquant d'un dialogue entre Parsifal et le Bourgeois gentleman (1).

(1) Nous reproduisons ici l'une des lettres de Verlaine à Blémont. Elle offre cet intérêt d'avoir été écrite à l'époque où fut composé *Sagesse* :

[Stickney] le 19 novembre 75.

« Mon cher ami,

« Je réponds poste pour poste, vous voyez. Aujourd'hui étant samedi, c'est-à-dire jour de congé, je vais pouvoir causer un peu plus au long avec vous.

« Tout d'abord, merci des démarches auprès du « High and mighty Publisher » (*) en question. La perte des vers n'est pas grande et il en peut faire ses choux gras, s'il lui plaît, en garnir son salon des retoqués, ou tout autre usage (propreté ou non). Mon deuil est « assumed » et je vous décharge de la commission pleinement.

« Merci de votre bonne opinion sur mes vers de l'autre jour. Vous ai-je dit que j'avais deux volumes en train : *Sagesse*, dont la pièce susdite est l'ouverture, et *Amour*, dont deux fragments ci-joints? Et un volume en plan, titre indécis, mais ce sera sur la Vierge. Une espèce d'épopée, de récit tout d'une haleine, quatre à cinq mille vers, au plus.

Je pense que je partirai bientôt d'ici pour une situation plus rétribuante, en ville, c'est-à-dire à Boston. J'attends de jour en jour une lettre de cette dernière « sous-préfecture », pour être fixé sur

(*) Alphonse Lemerre.

Leconte de Lisle fut peut-être le seul de ses compagnons du Parnasse avec lequel Verlaine se brouilla irrémédiablement. Il avait été d'abord un des protecteurs et un des amis du poète, mais, avec son caractère irascible et despotique, il était impos-

l'époque, qui peut être très prochaine, et ne dépassera pas Noël, en tout cas. J'ai assez d'anglais à présent pour aspirer à un peu plus dans un peu mieux, bien que je n'aie aucunement à me plaindre d'ici, où je suis en bons termes, cordiaux, amicaux, et où l'on fait de très gracieux efforts pour me retenir. Mais l'*arrrgent* avant tout, vous savez, surtout quand on a des économies à faire ! Et puis, à Boston, ce sera un peu plus distrayant. « La campagne à présent n'est pas beaucoup fleurie. » Il neige affreusement au moment où je vous écris, et l'hiver est un bon moment pour quitter les « hameaux ».

« Mes occupations? outre mes leçons dont je vous parlais récemment, si j'ai bonne mémoire, je lis des flottes : « *Novels* » *some poetry*, Tennyson, Longfellow, et en ce moment le fameux « *Pilgrim's Progress* », etc., etc...

« J'alterne l'anglais avec Théologie et Mystiques, *la Somme* et *Sainte Thérèse* : voilà des livres ! Je vous dis, sans la moindre exagération, que je suis absolument incapable de m'intéresser beaucoup à autre chose. Je dis beaucoup — parce que, ô maladie ! j'ai encore un faible pour les vers. Il faut m'en envoyer, vous, Valade, les amis.

« Mes projets ! ô tout simplement, de me faire une position, à force de patience, soit ici, soit en France. Mais en France plus tard, quand bien des choses auront été préparées, réparées — s'il le faut reconquises... En attendant, patience, travail, et oubli... des injures.

« Je lis des journaux : le *Daily News*, le *Standard*, et le *Figaro* du dimanche. — J'ai ajourné l'allemand et l'italien pour me recolleter avec cet español qu'ai étudié dans les six derniers mois de mes loisirs belges. A ce propos, vous qui êtes au courant d'outre-Pyrénées, ne pourriez-vous m'indiquer quelque journal, quelque revue vraiment intéressante, dans cette langue du Cid et de Hérédia?

« Envoyez-moi donc une liste, avec, si possible, le prix par trimestre; et « pointez » moi quelques auteurs modernes, humoristes et réalistes, journaux illustrés, comiques, etc., etc... » (JOURNAL L'ARTISTE, 1896. — Lettres d'Angleterre.)

sible qu'ils demeurassent longtemps d'accord. A
leur ancienne amitié succéda bientôt une animosité
qui, du côté de Leconte de Lisle, allait jusqu'à la

LECONTE DE LISLE. (Dessin de F.-A. Cazals.)

haine; Verlaine prétendait même qu'après la Commune, Leconte de Lisle, resté fidèle au parti de
l'ordre, avait dénoncé son ancien admirateur et
avait essayé de le faire fusiller. C'eût été pousser

un peu loin l'animosité poétique ! Il est préférable
de croire que, du côté de Verlaine, il y avait là un
peu d'exagération involontaire, mais qui peut
s'expliquer par le dédain méprisant dont l'auteur
des *Poèmes barbares* faisait preuve envers lui.
Pourtant, dans les dernières années de la vie de
Leconte de Lisle, Verlaine et lui se rencontraient
quelquefois, par hasard, dans un bureau de tabac
du boulevard Saint-Michel, en face de la place
Médicis. Leconte de Lisle allumait son cigare et
Verlaine sa pipe, au même allumoir, et ils se sa-
luaient cérémonieusement ; parfois même ils échan-
gèrent quelques paroles, mais sans jamais entamer
une conversation suivie.

Ils ne se réconcilièrent jamais. Ce qui n'a pas
empêché Verlaine de consacrer à Leconte de Lisle
lorsqu'il mourut un élogieux article, et de rendre
justice à la dignité de sa vie et à la puissance de son
génie poétique. Déjà il avait écrit dans une biographie des *Hommes d'aujourd'hui :*

J'ai dit que Leconte de Lisle était un beau causeur ;
souvent amer, par exemple. Il a, cet homme, parfois
des rancunes, des préventions d'homme, et gare à ceux
qu'il investit de son animadversion ! Une dent acérée
brille et mord ferme le malheureux, entre le monocle et
la cigarette.

N'importe ! il en est parmi ces victimes d'injustices, criantes, en somme, qui n'en veulent pas du tout, mais pas le moins du monde, à leur «Carnifex», comme eussent crié Jean-Jacques et son cousin Bernard, et que d'ailleurs l'équité, un goût sûr et l'amour des Lettres forceraient quand bien même à crier solennellement et devant le monde entier : Leconte de Lisle est un grand et noble poète !

On le voit, chez Leconte de Lisle il détestait l'homme tout en admirant le poète. C'était tout le contraire qui avait lieu pour Maurice Rollinat dont on a voulu, bien à tort, faire un disciple de Verlaine. Ce dernier ne le connaissait pas. Il ne lui avait parlé qu'une seule fois, à la tumultueuse première représentation du *Nouveau Monde* de Villiers de l'Isle-Adam :

Il m'a paru, dit-il, un brun moustachu, à l'air bon garçon, pas vampire du tout, avec des fourrures autour...

Mais si l'homme lui était sympathique, il avait pour l'œuvre une particulière exécration et il n'en faisait point mystère. Les poèmes de Maurice Rollinat lui semblaient de troisième ordre pour ne pas dire pis :

Les *Névroses*, nous expliquait-il, c'est très bien. . c'est de la poésie si vous voulez... de la vraie même...

mais trop lâchée, trop facile, pas assez personnelle.
C'est, en somme, Baudelaire mis à la portée des mufles !

Un véritable ami de Paul Verlaine,

> Mon plus vieil ami survivant
> D'un groupe déjà de fantômes...

c'est Edmond Lepelletier qui, directeur d'un journal
de province, profita des facilités que lui donnait son
imprimerie pour éditer: *Les Romances sans paroles* (1).
Plus tard, à l'*Écho de Paris* et ailleurs, il publia sur
son camarade de collège des articles courageux et
bien intentionnés. Il défendit sa mémoire contre
Henry Fouquier, après la publication d'*Invectives*.
Vice-président du « Comité du monument Paul Verlaine » il rêvait de voir se dresser, tel le Colosse de
Rhodes, l'effigie de son glorieux ami, à la pointe
extrême du môle de ce Paris-Port-de-Mer promis
par lui aux électeurs des Batignolles.

---

(1) Ernest Delahaye nous écrivait, en nous offrant libéralement
l'un des deux exemplaires qu'il possédait de cette édition de 1874 :
«... Ce qui peut le rendre plus appréciable aux amateurs d'éditions
rares, c'est la correction de la page 41 dont tu comprendras la portée, sachant qu'elle a été faite par Verlaine fraîchement converti. »

Il s'agit de la pièce intitulée *Green* où se trouvait ce vers :

> *Entre vos jeunes seins laissez rouler ma tête,*

Verlaine corrigea de sa main :

> *Sur votre jeune sein...*

M. Edmond Lepelletier a publié (1), sur la première moitié de la vie de Verlaine, un livre admirablement documenté que le nôtre pourra compléter utilement. Citons seulement à son sujet l'anecdote suivante :

Une nuit, Edmond Lepelletier, Verlaine et deux poètes du Quartier Latin revenaient en voiture de quelque excursion sur la Butte sacrée. Le Pauvre Lélian, un peu fatigué, sommeillait dans un coin. Les autres personnages devisaient nonchalamment. On en vint à parler des ennemis de Verlaine qui, en ce temps, essayaient de le faire passer pour mysogyne.

— Entre nous, fit Edmond Lepelletier, savez-vous si Verlaine l'est réellement?

— Vous devez être édifié à ce sujet mieux que personne, répondit du tac au tac l'un de ses interlocuteurs : n'avez-vous pas été au collège avec lui?

En boulevardier averti, Edmond Lepelletier rit de bon cœur de cette boutade sans fiel.

Lepelletier qui hantait, autant par devoir professionnel que par son goût de parisianisme, les tavernes étincelantes de Montmartre et des grands boule-

(1) PAUL VERLAINE. Sa vie. — Son œuvre. — Société du *Mercure de France*, 1907.

vards ne voyait que de loin en loin le Pauvre Lélian
reclus ès salles des Hôpitaux ou buvant, en catimini,
son absinthe éphémère dans les modestes établissements de la Rive gauche. Verlaine fréquenta plus
assidûment Gabriel Vicaire. Il y avait entre eux des
ressemblances de tempérament et de talent qui
faisaient de nos deux poètes d'excellents camarades.

Vicaire tenait en général ses assises au café de la
Rotonde, à l'angle du boulevard Saint-Michel et de
l'avenue de l'Observatoire, tandis que Verlaine
régnait au François Ier; mais ces deux potentats de
lettres quittaient souvent leur domaine pour s'aller
rendre visite, et parfois Raoul Ponchon se joignait
à eux. Les témoins des joviales et gauloises conversations auxquelles présidaient ces trois illustres, en
ont gardé un ineffaçable souvenir; il se dépensa là
des trésors d'esprit, de poésie et de gaîté qui ne se
retrouveront plus.

Voici le très beau sonnet que Verlaine dédia à
Gabriel Vicaire (1). Il a ceci de remarquable qu'il s'y
peint lui-même en traçant de son ami une exacte
autant qu'amusante silhouette :

Vous êtes un mystique et j'en suis un aussi :
Mais vous léger, charmant, on dirait du Shakspeare

(1) *Dédicaces* (1889-1894).

Moi pas mal sombre, un Dante imperceptible et pire
Avec un reste, au fond, de pécheur mal transi.

Je suis un sensuel, vous en êtes un autre;
Mais vous gentil, rieur, un gaulois et demi
Moi l'ombre du marquis de Sade, et ce, parmi
Parfois des airs naïfs et faux de bon apôtre.

Plaignez-moi, car je suis mauvais et non méchant.
Puis, tel vous, j'aime la danse et j'aime le chant,
Toutes raisons pour ne plus m'en vouloir qu'à peine...

Et puis j'aime! Tout court! En masse, en général,
Depuis la fille amère au souris sépulcral
Jusqu'à Dieu tout-puissant dont la droite nous mène!

Nous arrivons, maintenant, à cette brillante
pléiade de jeunes écrivains qui, à la suite de Verlaine, tentèrent d'ouvrir à l'art des chemins nouveaux et que l'histoire des lettres a désignés sous
le nom de *décadents* et de *symbolistes*.

Au premier rang de ceux-ci, nous placerons
Jean Moréas. Bien qu'il ne partageât pas les idées
de Verlaine sur la poésie, et que leurs discussions
fussent parfois acerbes et tumultueuses, Moréas fit
toujours preuve envers Verlaine de l'admiration
la plus sincère en même temps que du plus loyal
dévouement. Les deux poètes se voyaient souvent
et avec plaisir; parfois même ils noctambulaient
ensemble jusqu'en de lointains quartiers. Verlaine

aimait à raconter qu'une nuit, il y a de cela plus de
vingt ans, tous deux, entraînés par de fumeuses

Jean Moréas. (Dessin de F.-A. Cazals.)

discussions, étaient arrivés à la Bastille, non sans
avoir fait de nombreuses haltes dans les cafés. Il
n'était pas loin de trois heures du matin et ce n'était
pas Verlaine qui avait supporté le plus mal les liba-

tions répétées auxquelles ils s'étaient livrés tous deux.
Il avait gardé une parfaite lucidité dans ses idées;
Moréas au contraire était quelque peu exalté; il récitait des vers en brandissant sa canne d'un air farouche.

Verlaine lui répliquait et frappait en cadence de
la sienne sur le macadam pour tâcher de réduire son
adversaire au silence. Tout à coup, les deux amis se
trouvent en face de la devanture d'un chapelier
alors baissée où s'étalaient en chiffres énormes les
prix des chapeaux : 6!... 9!..... Ces gros numéros
induisirent en erreur le citoyen d'Athènes : il se crut
tout simplement arrivé au seuil d'un gynécée acces-
sible au public. Levant sa canne, il déclara qu'il fallait entrer. Verlaine eut beau lui remontrer de toutes
les façons qu'il n'avait devant lui qu'une chapellerie,
Moréas n'en voulut rien croire : il se rua sur les
volets sonores, d'abord à coups de poing, puis à
coups de canne... Vainement Verlaine essaya de
s'opposer à ce vacarme nocturne : Moréas ne tint nul
compte de ses protestations. Il continua à ébranler
la devanture toujours close, en causant un tapage
infernal. A ce bruit, deux sergents de ville, qui déam-
bulaient gravement à l'autre extrémité de la rue,
se hâtèrent d'accourir; les deux poètes furent appré-
hendés, menacés de coucher au violon, et il fallut

toute l'éloquence lucide de Verlaine pour obtenir qu'ils fussent relâchés...

Le poète Charles Morice, théoricien du Symbole et critique inspiré, fut aussi l'un des meilleurs amis de Verlaine. Il écrivit sur lui des pages admirables. Et, depuis, il n'a cessé de défendre l'œuvre et l'homme contre leurs détracteurs avec autant de dévouement que d'éloquence.

Sans le nommer, Verlaine a tracé de son fidèle disciple un portrait, en bien des points, ressemblant.

« ...Quand j'eus le plaisir de vous voir pour la première fois, vous étiez extrêmement jeune et portiez une chevelure Apollonienne, épaisse toison noire, un peu éclaircie de nos jours; mais le front, votre front de penseur et d'artiste, n'a que gagné, si j'ose ainsi parler, à cette virilisation de votre physionomie. Vous êtes mince, sans exagération et d'une naturelle élégance tout à fait fière et comme militaire et cela m'amène à parler du moral qui est très haut, lui aussi, parfois trop haut, s'il est possible que la hauteur soit jamais un défaut. Et c'est pourquoi, moitié en badinant et moitié pour de bon je vous ai, dès les premiers jours de notre liaison, baptisé : Néoptolème (1). Du fils d'Achille, vous avez, avec

(1) Cf. sonnet à Charles Morice. — *Dédicaces.*

tous les tempéraments, bien entendu, de notre civilisation, l'impétuosité, la générosité, j'allais dire la candeur. »

Précisément à l'époque où parut le livre de Charles Morice et où Verlaine fut révélé au grand public comme un poète de tout premier ordre, il se vit assailli par la foule des jeunes arrivistes qui tenaient à profiter de la gloire qui commençait à auréoler son nom et qui voulaient savoir à quoi il pouvait bien leur être utile. Il n'était pas de débutant un peu avisé qui ne tînt à pouvoir dire qu'il était l'ami du *Pauvre Lélian*.

Mais ils s'aperçurent vite que Verlaine n'était pas leur homme. Il aimait trop la poésie et la vie pour elles-mêmes. Eux et lui n'étaient pas de la même race. Après avoir obtenu de lui les recommandations qu'il était en état de leur donner et dont il n'était point avare, ils prirent leur volée et ne revinrent plus.

Verlaine eut la satisfaction, ces aigrefins une fois partis, de se retrouver, comme en famille, au milieu du groupe de ses fidèles.

C'est de ces jours lointains que datent les relations de Rachilde et de Verlaine. Elle fut, dès le début, une enthousiaste admiratrice, voire une protectrice du poète. Voici comment elle raconte sa première entrevue avec lui :

...Ce fut Cazals qui me présenta Paul Verlaine pour la première fois. Un Verlaine douloureux, boitant en archange foudroyé, et fait comme un voleur.

Lui et moi nous gardons dans l'ombre de nos âmes la vision de ce Verlaine. Ni lui ni moi nous ne pouvons l'oublier.

Nous le préférons au Verlaine officiel créé depuis par les braves gens scrupuleux.

Nous le préférons avec sérénité, sans nous occuper des médisances.

Et c'est à la tombe de celui-ci que nous portons des fleurs.

Je vois encore le jeune Cazals de jadis arrivant chez moi rue des Écoles : « M. Verlaine est en bas, dans un fiacre. Son propriétaire l'a mis à la porte, et il a mal à une jambe. »

Qu'on s'imagine un lecteur des *Fêtes galantes* et de *Sagesse* glissant de l'apothéose des rimes à un fait divers du *Petit Journal!*

On a rêvé, en le silence vertigineux de la lecture, de quelque roi d'Orient... Et l'on voit s'avancer un homme ayant la tournure d'un ouvrier triste !

...Et cependant, de tout bousculer pour le mieux rece-voir, de ranger les meubles, de tirer les tapis, de sortir de l'armoire les draps brodés, de répandre des parfums, d'enfermer vivement l'effronterie du chien et du chat qui veulent sauter autour de l'illustre visiteur, enfin tout l'émoi, tout l'effroi... et toute la piété !

Verlaine lève les yeux :

— Vous permettez ma pipe, Rachilde?

Mais ce regard aigu, terrible, noir. est bien celui d'un roi.

Celui-là est chez lui partout !

Foin des convenances, on est des décadents !

Cazals rigole, bon gamin, serviable, étourdi, moqueur, un peu fou, ne voyant pas plus loin que le bout de son nez en l'air !

Comme il eut raison de me choisir, moi, inconnue femme de lettres, parmi tant d'autres vrais artistes qui se fussent, je pense, disputé l'honneur de recevoir le grand homme !

Seigneur, je ne suis pas digne de vous voir entrer dans ma maison, mais dites seulement une parole, et mon âme sera guérie!

La noble étourderie de Cazals courant au plus proche de ses camarades (lequel se trouvait par hasard être une demoiselle) pour lui confier Verlaine a déterminé un peu de lumière en moi.

Verlaine m'a raconté son histoire durant ces journées de repos et ce n'est pas tout à fait celle que l'on raconte.

Il m'a enlevé de ridicules préjugés bourgeois.

Mon âme fut guérie de désirer de vaines gloires terrestres, toute vraie gloire ne pouvant se signifier qu'à être soi-même, sans hypocrisie...

A de longues années de distance, Mme Rachilde a gardé un très vivace souvenir du séjour de Ver-

laine dans son logis. En nous communiquant les
deux lettres qu'on a lues plus haut elle nous a écrit :

Vous avez raison de montrer Verlaine tel qu'il était
et comme je le vis. On l'a trop souvent représenté les
coudes sur une table de café, devant un verre d'absinthe;
c'était de naissance un homme d'intérieur et de goûts
délicats, aimant ses habitudes, acceptant les traditions,
si bousculant les préjugés. Un matin, il me dit avec un
sourire d'enfant satisfait, que démentait un peu le
regard oblique et faunesque luisant sous sa paupière
bridée : « Oui, le chocolat est meilleur que l'absinthe, je
suis de votre avis, petite mademoiselle. C'est réconfortant, délectable, familial... (léger soupir), c'est l'heure
grise ! » Et il prenait bien sagement son chocolat en
finissant son pain beurré. Seulement, le soir, quand
j'étais partie, le laissant maître de mon petit logement
et d'y recevoir ses amis, il ne résistait point au désir de
faire monter des cafés voisins quelques verres du redoutable poison. Le lendemain au retour de *l'heure grise*,
suivie du témoignage d'une concierge, bonne personne,
quoique indiscrète, je protestais. Alors Verlaine prenait
une mine des plus dignes : « Que voulez-vous, ma petite
enfant, il fallait bien... quand on reçoit, on ne fait pas
toujours ce qu'on veut ! » Je crois que Verlaine a fait
plus couler d'absinthe qu'il n'en a bu...

Il aimait beaucoup les foulards de soie : « Je ne puis
pas souffrir le linge douteux (1), me disait-il, mon chagrin,

(1) Voir au chapitre *Verlaine à l'hôpital*, l'article de Pierre Louys.

dans ma situation, c'est de ne pouvoir changer de chemise plusieurs fois par semaine. Puisque vous me demandez ce que je voudrais pour mes étrennes, je voudrais (est-ce bien cher?) un foulard de soie, de teintes douces, pas voyantes, si cela se pouvait, de la soie blanche...» Il eut son foulard de teintes douces et un autre tout blanc : « Sans compter, ajouta-t-il d'un air de profonde volupté, que ce doit être exquis pour se moucher ! » Il s'en fit d'ailleurs une coiffure après mûres réflexions...

« Au fond, conclut avec nous Rachilde, ce qui dominait dans ce grand enfant ébloui, c'était l'idée de *Sagesse*.

» Or, devant l'attitude régulière de l'âme, les gestes irréguliers du corps doivent-ils compter, surtout du corps qui va se traînant dans tant de misères?... »

Au nombre des camarades que recevait Verlaine chez Rachilde et qui formaient la jeune phalange du *Décadent*, se trouvaient Maurice Du Plessys, Paterne Berrichon, Ernest Raynaud et Anatole Baju.

Toute la génération littéraire de cette époque a gardé le souvenir de l'irréprochable poète-gentilhomme que fut Maurice Du Plessys; on l'eût

pris pour quelque abbé du XVIIIe siècle égaré
dans notre bourgeoise époque. Très élégant de sa
personne, c'était un véritable Brummel des lettres ;
et il mettait dans ses vers la même correction délicate, le même sens exaspéré du modernisme que
dans sa toilette. Verlaine était plus sensible que
personne au charme de sa conversation et à la
beauté de ses sonnets, purs joyaux chez lesquels
la grâce maniérée et une exquise afféterie se marient
au lyrisme le plus noble. Maurice Du Plessys avait
la politesse raffinée d'un autre âge ; c'est lui qui,
avec un naturel et une simplicité parfaites, présentait à la ronde à ses amis son porte-or disant
qu'entre poètes on devrait « s'offrir ces choses-là,
comme on fait circuler des cigarettes ». Il rêvait
une rénovation esthétique de notre morose costume
moderne, qu'il eût voulu somptueux comme au
temps de la Renaissance italienne, avec, en plus, la
saveur de modernité suraiguë qu'il a si bien exprimée dans ses vers de jeunesse :

> Pourpoint de velours rose, au jabot brodé d'or,
> Gibus sur l'œil, cravache au poing, gantelet roux,
> Il se cambre arrogant...
> ... Et le vent lutte avec sa cravate d'aurore.

Du Plessys affirmait que la toilette est le premier
des arts et cette prétention lui avait valu d'être

chansonné sans méchanceté, sinon sans malice, **par** ses meilleurs amis (1).

Depuis quelques années, il a quitté la vie bruyante des cénacles, mais son inspiration n'en est devenue que plus hautaine et plus pure.

Aujourd'hui, dans le silence de la retraite, Maurice Du Plessys, après avoir fondé l'*École Romane*, parachève une œuvre déjà glorieuse.

Paterne Berrichon, hirsute et noir, irascible et grandiloquent, formait avec Maurice Du Plessys un contraste parfait; il était aussi rude dans son langage et aussi amer et aussi véhément dans ses imprécations que Du Plessys était amène et courtois. Cet extraordinaire Paterne, que l'on a vu tour à tour et avec le même âpre enthousiasme, peintre, poète, conspirateur, antipropriétaire, critique d'art et sculpteur, était d'un tempérament très coléreux; Verlaine n'avait pas toujours bon caractère : aussi

(1)   Connaissez-vous l'esthétique
De ce moderne Lauzun?
L'princip'de sa poétique
Et d'son costum'ça n'fait qu'un.
Il porte avec l'art suprême
Des danseuses de ballet,
Le *collant*, lilas ou crème,
Qui moul'ses manche-à-balai...
. . . .
A la coup'de son pantalon
On voit bien qu'c'est Apollon ! (*bis.*)

les discussions de Paterne, utopiste, et de Verlaine, patriote et nationaliste, prenaient-elles quelquefois un tour très acerbe. On se séparait presque fâchés; Paterne Berrichon se retirait en claquant les portes, quitte à revenir le lendemain reprendre l'orageuse discussion au point où elle en était restée. D'ailleurs Paterne Berrichon, devenu plus tard le beau-frère de Rimbaud, eut toujours pour Verlaine la plus profonde admiration, et s'il se querellait parfois avec le poëte, il ne l'en défendait que mieux quand l'occasion s'en présentait.

A cet ennemi des lois on pourrait opposer Ernest Raynaud, qui s'en montra toujours le zélé protecteur. Le poëte des *Cornes du Faune*, du *Tombeau de la Gloire*, de la *Couronne des Jours*, et de tant d'autres œuvres délicates, fut dès le commencement un ami de Verlaine, dont par ses origines ardennaises il était le demi-compatriote. Bien que, comme Charles Maurras et Raymond de la Tailhède, Ernest Raynaud se fût engagé sous les drapeaux de l'École Romane, dont Moréas était le protagoniste, il n'en demeura pas moins l'admirateur et l'ami de Verlaine, auquel il a dédié quelques-unes de ses plus belles pièces (1).

(1) Nous empruntons à l'*Hommage à Verlaine*, « monument élevé en

Piqueur de meules, maître d'école, journaliste, enfin directeur du *Décadent*, Anatole Baju fut, quelques temps, l'inséparable des trois poètes que nous venons de citer. Fumiste et naïf à la fois, il dépensa des efforts énormes pour faire connaître l'œuvre de Verlaine et de son école. Rêveur et mystique, Baju se mystifiait parfois lui-même. Après plusieurs années de bonne entente une brouille survint entre Verlaine et Baju qui avait laissé paraître dans le *Décadent* de pseudo-sonnets d'Arthur Rimbaud. Verlaine ne lui en sut pas moins toujours gré d'avoir rendu service aux écrivains nouveaux; car plus que personne il a contribué à

vue d'un autre monument» par les soins de l'éditeur A. Messein (1910), le beau sonnet d'Ernest Raynaud à Paul Verlaine :

> Tant qu'on verra Cypris diviser l'Univers
> En deux égales parts d'accalmie et d'orage,
> Par sa double influence, enseignant d'âge en âge,
> Qu'elle est née autrefois du flot changeant des mers,
>
> Aussi longtemps les bois frémiront de tes vers,
> Aussi longtemps d'épis, d'olives, de feuillage,
> De myrtes odorants, de lauriers toujours verts,
> Les filles de Mémoire orneront ton image.
>
> Les pâtres de vin pur, du lait de leurs troupeaux,
> De miel, honoreront le tertre où tu reposes
> Et feront dire, au soir, aux rustiques pipeaux
>
> Qu'au mépris des vils biens qu'enfante le Potose,
> Ton courage héroïque, épris des seuls travaux,
> Sut mériter la fleur que le Pénée arrose.

créer autour de leurs œuvres une agitation profitable.

Anatole Baju est mort relativement jeune, en 1903, dans un état voisin de la pauvreté.

Les vers à Jules Tellier ouvrent la série de ce volume de *Dédicaces* (1) consacré par Verlaine à ses camarades, à ses amis et connaissances « sans autre intention que de leur plaire ».

Jules Tellier, si prématurément enlevé aux Lettres, comptait aussi au nombre des plus affectionnés disciples du poète. Un des auteurs de ce livre, élève du lycée de Cherbourg, au moment où Jules Tellier y était professeur, se souvient encore du lyrisme dithyrambique avec lequel Tellier parlait des poésies de Verlaine, alors dans toute la primeur de leur nouveauté.

C'est par son ami Rimbaud qu'Ernest Delahaye connut Paul Verlaine en 1871. — Depuis et sans trop d'interruption, au moins à partir de 1875, Delahaye resta en correspondance avec lui quand il était en Angleterre, puis dans le Pas-de-Calais, puis à Réthel, à Coulommes, à Juniville et à Boulogne-sur-Seine. Ils se virent souvent à Arras, à Réthel,

(1) Edition Léon Vanier, 1894.

Le fond tout noir.
La fumée bleu violet
La lune qui rigole
& qui sert de chapeau
à l'amiral
Un vapeur s'étend
qui s'emporte vers les horizons inconnus
Toi, & la pipe.
Vous, qui m'en fichez
Moi.

bachôt complet

à Charleville, puis à Paris, rue de la Roquette, où Verlaine vint habiter avec sa mère. Il nous souvient d'avoir accompagné plusieurs fois Paul Verlaine jusqu'au ministère de l'Instruction publique pour, vers les cinq heures, y attendre la sortie d'Ernest Delahaye en compagnie duquel on allait, pour causer plus à l'aise, prendre un modeste apéritif au plus proche bureau de tabac.

Comme Verlaine, Ernest Delahaye émaillait ses lettres d'amusants dessins (1) où lui-même, Germain Nouveau, Verlaine et Arthur Rimbaud figuraient le plus souvent.

Ernest Delahaye prépare un ouvrage assez considérable, une sorte d'étude littéraire sur le grand poète dont il fut l'un des amis les plus chers.

Il serait injuste de ne pas dire ici quelques mots d'Albert Cornuty, qui fut de ceux qui assistèrent le poète à ses derniers moments. C'était le type du disciple passionné; il professait pour Verlaine une admiration presque servile. Mort très jeune, à peine au sortir de l'adolescence, il n'a laissé aucune

(1) Une partie de cette correspondance est tombée, on ne sait comment, entre les mains d'un éditeur qui, sans en demander l'autorisation aux intéressés, a publié lettres et dessins en les attribuant, tout à fait au hasard, à l'un ou à l'autre des correspondants. — Voir, pages 108 et 190 deux dessins d'Ernest Delahaye.

œuvre; mais c'était un véritable tempérament de poëte, et ce nous est un devoir de saluer en passant son souvenir.

Il avait à peine quinze ans lorsqu'il vint à pied de Béziers à Paris, avec la résolution bien arrêtée de devenir un grand poëte. Une fois reçu dans les cénacles de la rive gauche, ce petit provincial, d'une sensibilité suraiguë, éprouva un véritable émerveillement. Son cœur bondissait d'aise aux seuls noms de Verlaine, de Mallarmé et de Jean Moréas, dont il récitait de mémoire de longs fragments. Mais c'était surtout pour Verlaine que Cornuty manifestait le culte le plus véhément. Du jour où il avait eu l'honneur d'être présenté au poëte de *Sagesse*, qui l'accueillit avec sa bienveillance coutumière, il montra à son égard un véritable fanatisme, et il fallait voir avec quelle naïve et dédaigneuse fierté il prenait congé de ses camarades en disant : « Je vais chez le Maître ! »

Dévoré d'une fièvre d'idéal, Cornuty chercha des inspirations dans le haschich et dans l'éther. Il voulut connaître, comme tant d'autres, les paradis artificiels et c'est certainement à l'abus de ces drogues vénéneuses, de ces poisons de l'intellect que l'on doit attribuer sa mort prématurée.

L'éditeur Léon Vanier ne peut pas être précisément considéré comme un des amis de Verlaine. Cependant il a tenu dans la vie du poète une place trop importante pour que nous puissions le passer sous silence.

Léon Vanier était un petit homme affairé et souriant, qui avait, entre autres manies, celle de se frotter les mains comme s'il eût été perpétuellement satisfait de quelque bonne affaire récemment conclue. Ses débuts avaient été très modestes. Il avait commencé par vendre sur le quai des articles de pêche, jusqu'au jour où, émerveillé par les vocables sonores des poètes décadents, il fut devenu leur éditeur.

Verlaine, dans ses jours de colère, lui reprochait ses débuts. Un jour même, il alla jusqu'à le traiter de « marchand d'asticots dégénéré » !

L'éditeur avait conservé la tournure d'esprit un peu mesquine du petit commerçant, et le poète, en vieil enfant qu'il était, se plaisait à lutter de ruse avec lui pour obtenir quelques écus supplémentaires.

Un soir, à la brune, Verlaine arrive, l'air tragique, dans la boutique du quai Saint-Michel. Après des congratulations réciproques, Verlaine frappe le plancher de sa canne, se laisse tomber dans un fauteuil et prend la mine bouleversée d'un homme menacé d'une soudaine catastrophe :

— Qu'y a-t-il, cher maître? demanda Vanier en frisant complaisamment sa grosse moustache; car Vanier, en dépit et peut-être à cause de sa petite taille, était officier de réserve et affichait volontiers des allures militaires.

Verlaine tira de sa poche une large feuille de papier pliée en quatre et la mit sous les yeux de l'éditeur.

— Ce n'est pas là, comme vous pourriez le croire, expliqua-t-il, un sonnet; c'est une ordonnance de médecin, qui implique l'achat de substances, de drogues aussi coûteuses qu'hétérogènes. — En somme, il me faut un louis...

— Je vous ai déjà remis cinq francs ce matin.

— Il me faut un louis. Je souffre atrocement de l'estomac; ma gastralgie est arrivée à un point tel que je n'ai pu déjeuner ce matin.

— Vous accepterez toujours bien un verre de vieux bordeaux avec des biscuits?

Le poète parut réfléchir :

— Je ne crois pas que le docteur me l'ait défendu, fit-il.

Tout en goûtant le bordeaux éditorial, on reprit la discussion. Vanier offrait dix francs; Verlaine ne démordait pas de ses exigences : il lui fallait ses vingt francs.

C'était un principe chez Vanier de ne donner jamais la somme juste qu'on lui demandait; il ne sortait pas de là. Après de longs débats, il finit par faire monter son offre jusqu'à dix-sept francs : Verlaine les mit dans sa poche, en même temps que la pseudo-ordonnance médicale devenue inutile :

— Et maintenant, dit-il, mon cher Vanier, je vais grâce à vous pouvoir soigner mon estomac; venez avec moi.

— Où cela?

— Ce n'est pas loin; venez toujours.

— Mais encore?

— C'est à deux pas d'ici, au Soleil-d'Or. Je tiens à vous offrir une absinthe!

Et, comme Vanier levait les bras au ciel avec indignation :

— Je crois, reprit Verlaine, que l'apéritif me sera plus salutaire que toute autre drogue. D'ailleurs, je me sens beaucoup mieux depuis que j'ai touché une avance.

Vanier, un peu vexé, se récria, accusant le poète d'avoir employé une ruse déloyale : mais il était trop tard, et après une autre discussion d'une demi-heure, Vanier se laissa entraîner en rechignant, jusqu'au Soleil-d'Or, où d'ailleurs il ne but qu'un modeste quinquina.

Fable ou histoire

à Léon Vanier..

Le poète mourant de faim
Selon l'incurable légende
S'en alla frapper à la fin
Chez un éditeur de sa bande,

Sa bande, car ce sont bandits
Que tels éditeurs et poètes
A l'effet d'un maravédis..
Ou deux pour rompre des diètes.

L'Éditeur qui venait de ne
Vendre qu'une édition toute
Répondit, bref, mon cher, vous me
Volez comme sur la grand'route

Le poète, toujours serein
Et toujours serein, lui réplique;
Des voleurs comme moi, je crains
Qu'il n'en soit pas assez pour l'bien de la
République !

Paul Verlaine

Lic 10 Mars. 1895.

Mais d'autres fois, les choses ne se terminaient pas si bien : Verlaine élevait la voix, ponctuant de coups de canne sur le plancher ses menaces de procès, et de rupture de contrats. Vanier alors se réfugiait dans son arrière-boutique et se bouchait les oreilles, pour ne pas entendre les terribles imprécations que le poète lançait contre lui. Alors Verlaine, de guerre lasse, saisissait au hasard dans une pile deux ou trois exemplaires de ses propres œuvres, et allait fièrement les *laver* chez le bouquiniste d'à côté. C'était là sa seule vengeance !

Vanier, heureux d'en être quitte à si bon compte, sortait de sa cachette en se frottant les mains.

Quand, au milieu de ces discussions orageuses, Verlaine voulait « embêter le bibliopole », il l'accusait, entre autres griefs plus ou moins fantaisistes, de payer si mal ses commis, qu'ils étaient obligés d'aller, lorsque sonnait midi, « manger à la Huchette des portions de cheval rôti à quat'sous, et des haricots à la potasse à dix centimes » ! Cette accusation de ladrerie exaspérait Vanier, ce qui, pour Verlaine, était une raison d'insister :

— Et moi aussi, disait-il, vous me forcez à manger à la Huchette ! Mais nous verrons : rira bien qui rira le dernier ! Je vais me mettre éditeur aussi, moi, un de ces jours !...

Remarquons-le en passant, cela a toujours été le rêve de Verlaine de s'éditer lui-même. Il revenait souvent sur ce projet, qu'il ne put jamais réaliser.

Quand Vanier s'était montré par trop revêche, Verlaine ne dédaignait pas d'aller placer lui-même sa copie dans certains journaux. Nous nous rappelons qu'un jour le poète avait eu un sonnet reproduit dans le *Gil Blas illustré*. Il prit une voiture pour aller toucher la somme qui lui revenait : à raison d'un sou la ligne, cette somme, en comptant pour une ligne le titre et pour une autre la signature, se montait à quatre-vingts centimes ! Verlaine revint furieux de cette expédition.

— Avec un bock que j'ai pris et la course j'y suis de ma poche ! Désormais je ne lâche plus un seul sonnet à moins de cent francs.

Une autre fois, Verlaine alla porter un poème à la Revue *Art et Critique* : on lui proposa cinq francs qu'il accepta, et qui lui furent payés immédiatement. Le lendemain, le poète revint, la mine courroucée :

— Monsieur, dit-il au secrétaire de la rédaction, vous m'avez hier donné une pièce qui n'a plus cours : c'est très désagréable.

— Cher maître, qu'à cela ne tienne, en voici une autre, et qui, celle-là, est de bon aloi. Croyez à tous

mes regrets pour une erreur, certes bien involontaire.

Verlaine fit passer négligemment la pièce dans la
poche de son gilet, puis on causa littérature assez
longuement. Le poète se disposait à prendre congé,
lorsque le secrétaire de rédaction lui demanda timi-
dement ce qu'il avait fait de la pièce fausse.

— Eh ! parbleu, fit le poète avec une candeur
charmante, je l'ai passée, et je vous assure bien
que cela n'a pas été sans peine !

Et soulevant les bords de son feutre avec une
dignité hautaine, il gagna la porte et disparut.

Nous venons de montrer quelles étaient les habituelles fréquentations de Verlaine. Il s'est pourtant
trouvé pour les lui reprocher des journalistes peu
avertis sinon mal intentionnés. M. Caribert écrit
quelque part :

Ce dont M. Paul Verlaine devrait supplier qu'on le
délivrât, c'est de ses amis. En l'absence de toute sincérité ils lui rendent l'exécrable service d'applaudir à ses
derniers vers qui sont d'une insignifiance rare et de le
pousser à prendre des attitudes ou ridicules ou humi-
liantes.

Et ailleurs :

...Mais à qui la faute? La petite troupe jacassante qui

a composé son dernier cortège jure que c'est l'indifférence publique qui l'a tué et qu'il est mort dans l'abandon. Il conviendrait peut-être de mettre un terme à ces jérémiades imprudentes. On nous la fait un peu trop à l'ingratitude des foules avec ce bon enfant de Verlaine qui n'eut jamais au monde de plus grands ennemis que lui-même, que ses vices, que ses faiblesses, que ses abjections (1)...

Que dire de cette « petite classe jacassante », de cette « bande » où figuraient Jean Moréas, Gabriel

(1) Il est singulier qu'un écrivain de talent semble adopter la manière de voir du journaliste. Voici ce qu'écrivait, à la mort de Verlaine, l'un de ses plus sincères admirateurs, M. Jean Ajalbert : « ...Il suffit de l'avoir aperçu à son hôpital ou à son café, d'avoir causé quelques minutes avec...; immédiatement, la rancœur lui montait aux lèvres de tant d'heures avilies; et son rêve n'était que de travail et de sagesse... Intentions de toujours qui ne se réalisaient jamais, et dont l'aigre destinée ne lui facilitait pas la mise en pratique, mais aussi il avait contre lui ses amis — plus néfastes que le sort... Oh ! par amis, je n'entends pas les poëtes qui le prônaient, bien sûr, ni son éditeur, ni les gens du monde qui le secouraient, mais la bande qui vécut de lui, à peu près. toutes proportions gardées comme une autre vécut du fils Lebaudy... Oui, si extraordinaire que cela paraisse : son génie fut entouré, exploité comme le capital de l'autre ; sur les maigres subsides qui parvenaient à Verlaine, une tablée entière buvait : ah ! ils ne lâchaient pas leur proie — et ils empêchaient de la secourir [sic], car la secourir comme il fallait c'était la leur enlever ; car il faut qu'on le sache s'il n'avait tenu qu'aux admirateurs de Verlaine la misère lui eût été épargnée. Mais, hélas, le poëte qu'ils ont séquestré, sous leur influence maligne, à qui offrait de lui assurer les jours [?]. ne répondait que par une demande d'apéritifs pour la bande ; interrogez là-dessus Vanier, Mallarmé, Huysmans, Coppée et Henri de Régnier et Vielé-Griffin. »

M. Francis Vielé-Griffin (voir à l'*Appendice*) a répondu par avance à M. Jean Ajalbert.

Vicaire, Jules Tellier, Charles Morice, Paterne Berrichon, Stuart Merrill, François Vielé-Griffin, Sophus Claussen, Ernest Delahaye, Laurent Tailhade, Maurice Du Plessys, Ernest Raynaud et Maurice Boukay et dont nous nous honorons d'avoir fait partie?

Insistons-y, ce sont ces amis « compromettants » qui ont créé autour de la personne et de l'œuvre du poète le bruit qu'il fallait et qui, finalement, en dépit des Caribert, des Fouquier et d'autres encore, ont réussi à lui faire élever — à la place due — la statue qu'il méritait.

MAURICE MAETERLINCK
Croquis de Verlaine

CHAPITRE VII

Dans son volume sur le Parnasse contemporain, Catulle Mendès consacre de longs paragraphes à des poètes de second ordre ; il n'accorde à Verlaine que quelques lignes assez mal élogieuses. Il se contente de dire : « Celui-là est sinistre », sans prendre la peine d'esquisser le portrait de l'homme et d'étudier l'œuvre. Le qualificatif « sinistre » est d'ailleurs un de ceux qui conviennent le plus mal au Pauvre Lélian ; il y a là, de la part de Mendès, une méconnaissance complète, et certainement voulue, du caractère de Verlaine.

Tous ceux qui ont approché d'un peu près l'auteur des *Fêtes galantes* savent combien ce vieil enfant terrible et ingénu possédait de jovialité naturelle et de loyale gaîté. Dès que ses ennuis et ses maux lui laissaient quelque répit, c'était le meilleur compagnon qui fût au monde. Dans sa bonne humeur il entrait beaucoup de bonté, et jamais aucune sorte de pose. Ses plaisanteries allaient même parfois jusqu'au calembour, et glissaient jusqu'à la farce (1).

Dans sa propre biographie des *Hommes d'au jourd'hui*, il se défend avec énergie d'être le poète macabre que l'on croyait. Il fut à ses heures un émule de Sapeck et d'Alphonse Allais, aussi bien qu'un continuateur du fameux marquis de Bièvre. Verlaine aimait la vie sous tous ses aspects, depuis les plus grandioses jusqu'aux plus grotesques ; jamais homme ne fut doué au même point que lui de facultés complexes et originales. Les aptitudes les plus diverses se rencontraient dans son caractère, fait d'antithèses, comme celui du héros d'un drame romantique. Il n'eût tenu qu'à lui de se faire une réputation comme dessinateur, comme chansonnier, comme professeur, ou même comme acteur. Les

(1) Citons ce quatrain écrit sur l'album d'une dame, à son retour de Hollande où il avait fait une tournée de conférences :

« A Madame ***
« Je ne veux plus que tu me gruges
Et j'en tiendrai trop de paris :
On fait de la dentelle à Bruges,
Mais on fait... risette à Paris. »

CROQUIS DE VERLAINE

traits qui suivent donneront une idée de la variété de ces aptitudes.

En tant que dessinateur, Verlaine avait le sens inné du comique. Il a laissé quantité de caricatures et de croquis pleins de mouvement et d'allure. On a de lui des charges de Napoléon III, de Leconte de Lisle, de Charles de Sivry, d'Albert Mérat, du général Boulanger et de bien d'autres qui sont, en leur genre, de petits chefs-d'œuvre. Souvent après le repas, il prenait plaisir à noter, d'un trait incisif et rapide, la physionomie et les gestes des convives. Souvent aussi il s'amusait, comme au grand siècle, à orner ses dessins, plus ou moins bien venus, de quelques lestes quatrains de sa composition.

Verlaine surchargeait de ses gribouillages la marge des lettres qu'il adressait à ses amis; la plupart de ses épîtres sont illustrées d'amusantes pochades. Les lettres à Delahaye et à Blémont et celles d'Aix-les-Bains offrent à ce sujet des exemples typiques. On dirait des feuillets arrachés au facétieux cahier d'un potache.

Verlaine disait lui-même qu'il aimait beaucoup les « Jeanboudhommes » de la *Lanterne de Boquil lon*.

Félix Régamey, un ami du poète, a publié sur *Verlaine dessinateur* un curieux album devenu raris-

sime; nous extrayons de sa préface les lignes sui-
vantes.

...Il y eut en Verlaine, au début de sa carrière, un
grand dessinateur généralement ignoré, s'ignorant lui-
même. Quiconque sait lire dans les images est frappé de
la puissance d'expression exceptionnelle qui s'affirmait
alors dans ses moindres croquis. De science, aucune :
nulle fioriture; rien d'inutile. Chaque coup porte,
comme chez les maîtres japonais, où tout est accent,
jusque dans le plus petit trait, et concourt à l'effet d'ensemble. Chez Verlaine, l'artiste ne doit rien à l'étude;
son dessin si candide n'est autre chose que l'émanation
directe de la pensée, servie par une vision intense et le
plus souvent sarcastique du monde des formes. Et la
main, qui n'a subi aucun dressage, domptée par le cerveau, se fait docile, et s'élève bien au-dessus des sempi-
ternelles et fades redites calligraphiques des professionnels du chic...

Verlaine, s'il l'eût daigné, eût été aussi un excellent
critique d'art; il avait un sens très exact de la beauté
plastique, et ses aperçus sur l'art étaient toujours
ingénieux et justes. En peinture, ses admirations
allaient surtout aux Italiens de la Renaissance.
Dans les *Épigrammes*, il a célébré les graciles
adolescentes de Botticelli, et pourtant c'était un fervent de Michel-Ange, et il n'accordait à Raphaël
qu'une louange très modérée. Il était épris des somp-

tueux coloristes Vénitiens aussi bien que des sombres Espagnols ascétiques et féroces. Il adorait les belles courtisanes du Titien, aux chairs blondes, aux rousses chevelures semées de perles, et dont les torses nacrés ressortent mieux parmi le rutilement des brocarts et la douceur du velours. Mais il aimait aussi passionnément les sorcières du réaliste Goya, les pouilleux de Murillo, et les moines fanatiques de Zurbaran.

Il réservait une admiration spéciale à l'École Française, de Cloüet à Poussin, et de Prudhon à Delacroix, sans omettre ce Watteau qui faisait ses délices, et qui eût été l'illustrateur tout désigné des *Romances sans paroles* et des *Fêtes galantes*. Avec ses vastes facultés de compréhension, Verlaine ne dédaignait à peu près aucun artiste, à l'exception toutefois de Le Brun, le peintre des batailles d'Alexandre, de Bonnat et de quelques autres qu'il dénommait les « Monsieur Thiers de la peinture ». Parmi les modernes, le poète goûtait fort les impressionnistes ; il aimait les subtilités de leurs procédés, leur sentiment de la vie à la fois suraigu et brutal. Pourtant il ne se faisait pas faute de signaler avec une verve impitoyable et sûre les exagérations grotesques et plates de certains d'entre eux. Il n'était partial d'aucune manière. Il saluait la

PROJET DE FRESQUE.
Par Paterne Berrichon et F. A. Cazals.

Beauté partout où il la rencontrait, quelle que fût
l'étiquette ou la formule; mais ses préférences
allèrent toujours, comme cela devait être, aux peintres de la Chair et aux Mystiques, aux Réalistes et
aux Fantastiques. Il avait un enthousiasme pour
le talent de Félicien Rops, avec lequel il corres-
pondit, et il goûtait en même temps Puvis de Chavannes, Manet, Degas, Carrière, Willette, Aman-
Jan et d'autres artistes intensifs.

Verlaine était tellement préoccupé de ces questions d'art que, dans *Épigrammes*, il a consacré
toute une pièce à l'art japonais; il le résume en deux
tendances : celle qui pousse les artistes à dessiner des
crapauds ou des reptiles, et celle qui leur fait représenter des insectes ou des oiseaux. Il aurait souhaité
que nos modernes Outamaros s'en tinssent à la
portraiture des êtres ailés. Verlaine a mis tout de suite
le doigt sur la plaie de cet art d'Extrême-Orient, le
manque d'idéalisme : « Ces gens-là, disait-il, ont une
vision admirablement subtile, une habileté de procédé qui me confond. Ils possèdent l'adresse des
clowns, et on sent qu'ils dessineraient peut-être
aussi bien avec leurs pieds qu'avec leurs mains !
C'est stupéfiant, mais l'âme est souvent absente... »

En sculpture, Verlaine ne s'éloignait guère de la
norme habituelle, quoique aux Grecs impeccables

il préférât les Gothiques plus tourmentés et, disait-il, « plus près de notre cœur d'hommes modernes ». Contrairement aux professionnels, il n'avait nul dédain pour « le mol Canova » dont la féminité le charmait; Falguières lui plaisait aussi; il le louait d'avoir, le premier, doté les statues du frisson de la peau, mais à tous il préférait Rodin, « le robuste et mystique Rodin (1) ».

Parmi tant de si multiples talents, Verlaine était encore un conférencier exquis; il parlait en public avec un grand charme, et tous ceux qui l'ont entendu ont gardé de ses lectures un impérissable souvenir. Il fit des conférences en Belgique, en Angleterre, en Hollande et en Lorraine. Partout le succès fut considérable. A Oxford et à Londres, il excita parmi les lettrés anglais un enthousiasme inouï; il repassa le détroit, chargé de lauriers et d'honneurs, et les poches lourdes de guinées de bon aloi. Comme il le dit quelque part, « la Cavalerie de Saint-Georges avait donné, et bien donné » !

A Bruxelles, il fut l'objet d'une ovation dans la

---

(1) Verlaine n'a jamais exposé longuement la cause de ses préférences esthétiques. La critique d'art lui semblait trop un métier, pour qu'il s'y adonnât sérieusement, cependant nous sommes heureux d'indiquer, à titre de curiosité, un article à peu près inédit qu'il rédigea *sur la Décoration et l'art Industriel à l'Exposition* de 1889.

Mesdames et Messieurs, Ceci
est ma dernière conférence
en ce si artistique pays qu'est
Hollande.

J'ai eu l'honneur de
parler devant une élite et
j'espère n'avoir pas trop
démérité de la confiance
des écrivains, des artistes Hollandais
que désormais
mes amis j'ai appelés
ici ...

J'emporte, non sans espoir de
retour le souvenir le meilleur
plus réconfortant pour la vie
lutte qui m'attend là-bas,
mon trop court et si suggestif
séjour en cette terre
néerlandaise désormais
tienne un peu de par l'esprit,
tienne tout à fait par le
cœur ;.

salle même du tribunal, où il avait été autrefois condamné à trois années de prison. Ce fut installé dans le fauteuil du président, qu'il initia le jeune barreau belge à la beauté subtile de ses vers. N'était-ce pas là la plus éclatante des réhabilitations, et la plus juste des revanches?

En Hollande, il rencontra le Sâr Péladan qui, lui aussi, faisait des conférences, mais avec un appareil beaucoup plus somptueux que l'humble poète de *Sagesse*. En certains endroits, le Sâr parla du haut d'une chaire flanquée de quatre cierges de cire jaune, et il annonça aux dames que renfermait l'auditoire qu'elles étaient irrémédiablement polluées, et que la tare mensuelle de leur sexe était une malédiction du Très-Haut. Quoique tout le monde ne goutât pas ces théories théocratiques, le Sâr eut un succès de curiosité. Un soir il se rencontra à la même table que Verlaine, qui, lui, venait de cueillir de plus légitimes lauriers. Le Sâr traita Verlaine de « Seigneur » : le poète lui répondit sur le même ton, et la conversation fut des plus cordiales, quoique émaillée, de la part de Verlaine, de réflexions rabelaisiennes que nous omettons de rapporter.

Mais c'est de ses conférences en Lorraine que Verlaine gardait le meilleur souvenir. C'était là son pays d'adoption, aussi bien que son pays de naissance (1) ; toute sa vie il a pensé à sa chère Lorraine ; on connaît l'*Ode à Metz*, interdite dans le pays annexé, et qui lui a valu les invectives un peu lourdes de la critique allemande. La conférence de

(1) Bien que Verlaine soit né à Metz — dit M. Jean Bourguignon dans une conférence sur *Verlaine et les Ardennes* faite à Paris le 6 février 1897 — il est incontestablement d'origine ardennaise. C'est en pleine Ardenne, dans l'Ardenne des plateaux, non loin des rives de la Semoys, au nord de Bouillon, dans la province belge du Luxembourg, que l'on trouve le berceau d'origine de la famille de Verlaine. Depuis la fin du xviiie siècle, on découvre des ascendants du poète, successivement dans les villages de Bras, Arville, Jehonville, bourgs perdus au milieu des immenses forêts, au milieu des vastes solitudes de bruyères et de genêts qui donnent une physionomie si particulière à cette partie de l'Ardenne. »

M. Jean Bourguignon, qui continue ses recherches, espère établir une filiation entre l'auteur de *Sagesse* et ce Jean de Verlaine, qu'on connaît par les manuscrits généalogiques des hérauts d'armes liégeois et qui était, vers 1531, le seigneur de plusieurs villages qui portent encore son nom dans l'Ardenne belge.

C'est M. Jean Bourguignon qui a découvert le premier que le père du poète, le capitaine Nicolas-Auguste Verlaine, était originaire, non de Paliseul ou de Jehonville, mais de Bertrix où il naquit le 24 mars 1798.

M. Saint-Pol-Roux avait (voir *La Plume*, n° de février 1896) déjà parlé des origines ardennaises de Verlaine à la suite d'un entretien avec un vieux berger qui se prétendait cousin du poète :

« Le bisaïeul de Verlaine après avoir suivi les armées françaises en « chef de charriot » se fixa à Arville, venant de Bras, village voisin, élu franc-fief par l'abbé de Saint-Hubert. Dispense de la dîme, de la gerbe, sa fonction consistait à assister en uniforme et sabre au clair aux grandes messes de l'Abbaye. De son mariage avec une Heurion naquirent Michel et Henri. Henri eut deux filles et un fils, le capitaine de génie père de Paul... »

M. Jean Bourguignon doit publier prochainement, sous le titre *Verlaine ardennais*, un volume contenant, avec de curieux documents, des lettres inédites de Paul Verlaine et d'Arthur Rimbaud.

Verlaine à Nancy fut un vrai triomphe. Les journaux locaux se répandirent en dithyrambes; le *Progrès de l'Est*, par exemple, écrivait :

Les lectures de M. Paul Verlaine ont causé un vif plaisir à ses auditeurs, et ont soulevé de chaleureux applaudissements. Le poète lit ses vers d'ailleurs avec simplicité, et, par moments, avec une émotion communicative. Sa voix, un peu sourde et dolente, sans s'élever, éclaire les passages qui doivent porter, et trouve des intonations d'une justesse exquise. La physionomie originale du conférencier n'est pas sans produire son effet. Quand il lève la tête, et qu'on aperçoit ses yeux à la fois si doux et si énigmatiques, il semble qu'on saisisse mieux sa pensée, et qu'une émotion mystérieuse pénètre avec ses accents dans le cœur de ses auditeurs (1)...

Verlaine a dit lui-même : « Je suis patriote, et même chauvin, deux fois Français en étant Lorrain ! »

Les Allemands se sont vengés du patriotisme du poète en lui interdisant de conférencier à Metz, sa ville natale, et en s'opposant plus tard à ce qu'une souscription fût ouverte pour lui élever une statue. Aux obsèques de Verlaine, rappelons-le, la Lorraine

----

(1) Consulter également l'*Est républicain*, l'*Impartial*, le *Journal* de *Lunéville*, etc., etc., surtout l'article de Jules Rais : *Les soirées de la Lorraine artiste* publié dans la *Marche de France* (12 novembre 1893).

avait envoyé une couronne avec cette dédicace : *Nancy pour Metz.*

Verlaine mérite une place spéciale comme épistolier. Les billets écrits à la diable, comme les plus longues lettres, valent par leur tour à la fois naïf et alambiqué, et par leur philosophie gamine et brutale en même temps. Il est, suivant l'heure et la disposition du moment, spirituel comme Voltaire, attendri comme Rousseau, minutieux et délicat comme Mme de Sévigné.

Les lettres de Verlaine n'ont pas été écrites avec le souci d'une future publication (1); il n'a pas soigné ses billets, comme certains illustres qui, en adressant une invitation à dîner à un ami, songent au volume possible. Décousue et négligée, émaillée de jurons, et fleurie parfois de termes obscènes, la correspondance de Verlaine est d'une sincérité que nul ne songerait à mettre en doute. On sent qu'il écrit comme il eût parlé; et pourtant, certaines lettres de lui offrent, à travers cent brutalités, des phrases d'un style arabesque et compliqué, des curiosités de psychologie et de forme. Il est d'autant plus décevant

(1) Exception faite cependant pour les lettres « littéraires » datées d'Aix-les-Bains et publiées par la *Revue Blanche* (15 nov. et 1er déc. 1896).

qu'il est inattendu; ses lettres auraient suffi à
l'illustrer, s'il n'eût pas écrit autre chose.

Verlaine n'est pas moins remarquable comme
chansonnier que comme épistolier. Ne fut-il pas avec
son curieux poème *l'Ami de la Nature* un des précur-
seurs de la chanson argotique et montmartroise,
exploitée depuis, et combien fructueusement, par
Aristide Bruant et par tant d'autres (1)?

Malheureusement, la plupart des couplets que
composa Verlaine ont été perdus pour la raison qu'il
les improvisait pour son agrément personnel et qu'il
oubliait la plupart du temps de les noter. Il en fit un
sur les trois hommes de France dont il trouvait
le nom le plus comique : MM. Chion-Ducollet,
Gouthe-Soulard et Q. de Beaurepaire (2). Il le chanta
à plusieurs reprises à ses intimes avec une mimique
désopilante. Au nom de M. Chion-Ducollet, il agitait

(1) Voici le premier couplet de l'*Ami de la Nature* :
    J'crach' pas sur Paris, c'est rien chouette !
    Mais comme j'ai une âme ed' poète
    Tous les dimanch's ej'quitt'ma boîte
    Et j'fous l'camp avec ma compagne
        A la campagne !

(2) Verlaine avait entretenu une correspondance suivie avec
Mgr Gouthe-Soulard; il s'agissait de publier, à l'usage des grands
séminaires, un choix de poésies sacrées. Mais ces pourparlers n'abou-
tirent pas.

frénétiquement le col de son veston et boitait en cadence ; à celui de Mgr Gouthe-Soulard, il faisait le geste de vider un calice avec une dévote concupiscence ; à celui de M. Q. de Beaurepaire, il se laissait tomber lourdement dans son fauteuil, comme s'il eût été titulaire de quelque charge dans la magistrature assise.

La chanson que Verlaine avait composée sur son ami Cabaner nous est parvenue en entier. Cabaner, que Verlaine avait connu à l'époque de la guerre de 1870, était un rêveur un peu naïf, et très bègue ; Verlaine ne tarissait pas en anecdotes sur son compte. Il racontait par exemple qu'un jour — c'était vers le troisième ou le quatrième mois du Siège —Cabaner, fatigué d'entendre toujours parler de garde nationale, de rationnements, d'espions, de traîtres, de Pruscos, sortit une minute de son éternelle et apathique rêverie pour demander d'un ton quelque peu agacé :

— Mais... est-ce que ce sont encore les Allemands qui nous assiègent ?

— Voyons, Cabaner, fit Verlaine, qui voulez-vous que ce soit ?

— Mon Dieu ! Je ne sais pas ; depuis le temps que cela dure, je pensais que c'étaient d'autres peuples. »

Nous avons retenu le premier couplet d'une chanson que Verlaine avait composée sur l'air de la *Femme à barbe*, créée par Thérésa :

> Allez au boul'vard Saint-Michel,
> Vous n'trouv'rez pas dans tout'la zône
> Un chevalier errant auquel
> Vous pourriez comparer ce gône !
> Il est visibl' de deux à quatre,
> Et bien qu'il ne soit pas en carte,
> Il vous f'ra tout d'mêm'votre affaire
> Tout comme un troupier ordinaire !
>
> Entrez, entrez, homm's supérieurs
> De même que les inférieurs,
> Entrez voir ce bon Cabanèr...e
> Surtout, pigez-moi comme il erre,
>   Il erre, Il erre, Il erre,
>   Il erre !

Citons encore parmi ses chansons, la *Machine à coudre et le Cerf-volant* dont le premier et le troisième couplet existent seuls :

I

> Sur les hauteurs de Belleville,
> Pas bien loin de Ménilmontant,
> Se balançait un cerf-volant
> Qui n'paraissait pas s'fair'de bile,
> Tandis que faubourg Saint-Martin
> Une machine à fair'la robe
> Depuis le soir jusqu'à l'aube
> Piquait, cousait du satin.
> Dès qu'il la vit, quel coup d'foudre !

L'cerf s'en éprit sur le-champ :
Voilà comment la machine à coudre
S'amouracha du cerf-volant !

II

. . . .

III

Mais comme il faut qu'l'histoire finisse
Comme au Gymnas'par un contrat,
Apprenez qu'il passait par là
Un fabricant d'pièc's d'artifice.
C't'homme inflammable avait sur lui
Un'chandell'romaine au picrate :
Sur la machin'v'lan, ça éclate !
Pour les voisins quel ennui !
Et puis dans les airs, par la foudre
La machin'fut lancée viv'ment !...
Et voilà comm'la machine à coudre ⎫
Devint l'épouse du cerf-volant !   ⎬ *bis*
                                    ⎭

Verlaine avait formé le projet d'écrire un volume
de chansons en collaboration avec Cazals; il en
parla longtemps, et finalement il n'y donna pas
suite. Mais c'est de cette intention que sont sorties
Épigrammes, et *Chansons pour Elle*.

Bien que chansonnier lui-même, le poète ne dédaignait pas les chansons d'autrui; une de celles qu'il
préférait était le *Gastibelza* de Victor Hugo, et le
poème :

Enfants, voici les bœufs qui passent,
Cachez vos rouges tabliers...

Il aimait surtout à scander de la canne et du
pied :

> Le vidame
> De Conflans
> Suit sa dame
> A pas lents...

Verlaine connaissait sur le bout du doigt les opé-
rettes d'Offenbach qu'il tenait en grande estime et
il chantait volontiers des couplets de la *Grande
Duchesse*, d'*Orphée aux Enfers* et de la *Vie parisienne*.
Mais s'il avait une préférence marquée pour l'air
de *Barbe-Bleue* :

> Approche ici, regarde-moi, ma chère,
> Viens de ma barbe admirer la couleur;
> Je suis bien laid, mais du moins, je l'espère,
> Je ne suis pas encore à faire peur...

il ne méprisait pas la folle musique d'Hervé et fredonnait souvent le fameux air de la *Légende de Chil-
péric*

> La nuit quand tout sommeille
> Sabre en main, Chilpéric veille...

A l'époque du boulangisme, Verlaine sacrifia à
la mode en chantant les *Pioupious d'Auvergne*, *En
revenant d'la R'vue*, dont il s'amusait à dénaturer

le texte par des paroles de son cru, improvisées à la
minute même. Il était peu de refrains populaires qui
lui fussent inconnus, et il en possédait un répertoire

VERLAINE CHANTANT : *J'étais avec Fathma.*
(Croquis de F.-A. Cazals.)

infiniment varié. Sa prédilection allait à deux chansons argotiques d'Hector Sombre : *Pensionnaire du
Chabanais*, et la *Terreur de Belleville* :

Dans l'haut d'Belleville existait un grand gas,
Dont j'vas vous dir'les mémoires.....

Il faut avoir vu Verlaine chanter :

> J'étais avec Fathma
> Fathma
> Fathma
> J'y fis voir les quat'mats
> Quat'mats
> Quat'mats
> Allah ! Allah ! Allah !
> A la place du Chat
> Des quat'macach'bono
> Place du Château d'eau !

Verlaine prisait aussi certaines productions d'Auguste Châtillon, l'auteur de la *Levrette en pal'tot*, et d'autres œuvres du même cru parmi lesquelles nous citerons au hasard *Alphonse du Gros-Caillou*, une œuvre célèbre dans son genre et qui sous l'Empire fut interdite; la *Rouquine*, etc., etc...

Chansonnier, critique d'art, conférencier, Verlaine eût fait également un excellent acteur :

— Je suis un peu cabotin, disait-il parfois.

Mais il était cabotin par goût, pour son plaisir. Dans sa jeunesse, quand il était l'hôte de Nina de Callias, il eut l'occasion de jouer la comédie de société, et il obtint un grand succès dans les *Deux Aveugles*. C'est aussi à cette époque qu'il écrivit son opéra bouffe, aujourd'hui perdu, *Vaucochard et fils premier* et une autre pièce en collaboration avec Edmond Lepelletier et Charles de Sivry, le *Rhinocéros*.

Depuis, dans l'intimité, il se complut souvent à organiser des scènes dans lesquelles il jouait le principal rôle. Il tenait d'Eugénie qui la lui avait achetée, pensant lui faire plaisir un jour de carnaval, une perruque blonde à larges boucles dont il s'amusait à couvrir son crâne chauve, puis il sortait sur le palier, et frappait mystérieusement trois coups à la porte, en fredonnant d'une voix chevrotante :

> Quand on conspire il faut avoir,
> Perruque blonde et collet noir.

Lorsqu'on lui avait ouvert, il entrait en regardant autour de lui d'un air soupçonneux et effrayé, puis il entonnait de nouveau son refrain, cette fois à tue-tête.

Un autre de ses passe-temps était de jouer au juge. Il drapait alors sa robe de chambre d'une certaine façon, divisait sa barbe en deux pointes et se coiffait d'une calotte destinée à figurer le mortier présidentiel, ou retournait son chapeau de feutre.

Suivant le cas, il donnait à ses amis la représentation d'une séance de cour d'assises ou de correctionnelle, prononçant successivement le plaidoyer, le

réquisitoire et le jugement avec une verve aristo-
phanesque et bouffonne qui arrachait des éclats de

PAUL VERLAINE EN JUGE
(Dessin de Gustave Le Rouge)

rire aux plus graves et déridait les plus moroses. Le
croquis ci-dessus le montre au moment même où il
improvise un de ces joyeux réquisitoires; comme on

le voit, suivant sa coutume, le poète a orné le croquis d'un quatrain.

Il s'amusait encore à contrefaire, avec une mimique parfaitement réussie le « Belge arrivé à Paris », et le « Vieil abonné de l'Opéra», qui offre un petit hôtel et des diamants à un trottin. Dans ce dernier cas, il se mettait en guise de monocle une pièce de cent sous sur l'œil et s'appuyait fièrement sur sa canne.

A tant d'aptitudes diverses, Verlaine joignait encore celle du professorat. On sait qu'il enseigna au collège de Réthel, durant trois ans, le latin et l'anglais, et que pendant son séjour à Londres, il vécut longtemps de leçons de français et même de dessin. A Réthel, sauf pendant les derniers mois, ce fut un professeur exemplaire. Ceux de ses élèves qui existent encore le représentent comme un maître très écouté, et sachant parfaitement se faire respecter; ses leçons, émaillées de nombreuses citations, étaient attrayantes, et il savait mieux que personne, mettre les explications les plus ardues à la portée de son jeune auditoire.

Verlaine demeura toujours bon latiniste, et il lisait couramment dans le texte la plupart des classiques latins. Cependant, malgré la gravité et le sérieux qu'il montra dans ses fonctions de professeur, le fantaisiste reparaissait parfois sous l'universitaire, ainsi qu'on en jugera par le trait suivant.

Chargé d'enseigner à une classe nombreuse, il ne pouvait arriver à faire prononcer à ses élèves, d'une façon correcte, la langue de Shakespeare et de Tennyson; il s'avisa alors d'ordonner à ses jeunes disciples de lui adresser, en arrivant en classe, la salutation suivante, en français, mais avec l'accent anglais :

« Bonjour, monsieur Verlaine, comment vous portez-vous? » devenait ainsi :

« Bonjou, mocieu Velenne, coment vô pôtez-vô? »

L'histoire ne dit pas si cette méthode fit faire de grands progrès aux collégiens.

Verlaine quitta Réthel sans avoir poussé plus loin cette curieuse expérience pédagogique.

Toute sa vie, le poète eut un penchant très marqué pour la fumisterie à froid, la gaîté pince-sans-rire, ce que les Anglais appellent l'*humour*. Ainsi, à Boston, il se lia avec un photographe italien qui joignait à sa profession celle de montreur de curiosités zoologiques. Certain squelette de baleine échouée sur la grève fit notamment la joie du poète; il ne laissa point de repos à son nouvel ami, que celui-ci n'eût installé dans le ventre du monstre une table avec des chaises. C'est là que le dimanche nos deux Jonas devisaient, en buvant du pale-ale et en fumant de longues pipes de Hollande.

Ainsi encore, à Amiens, en compagnie d'Arthur Rimbaud : tous deux, à peine débarqués de Paris, jugèrent bon de raconter à haute voix, au buffet de la gare, les détails d'un assassinat qu'ils étaient censés avoir commis. Cette plaisanterie faillit mal tourner : les deux poètes, que leur mise négligée ne recommandait guère, furent mis en état d'arrestation, et ce ne fut pas sans peine que le Procureur de la République les relâcha, en leur enjoignant de quitter Amiens au plus vite.

Voici encore une anecdote qui dépeint bien la gaminerie qui faisait le fond du caractère de Verlaine :

Un soir de carnaval, la rédaction de la *Plume* donnait un banquet littéraire suivi d'une soirée dans le sous-sol du café du Soleil-d'Or. Verlaine y était attendu. Soudain on le vit paraître, mais en traversant la salle du rez-de-chaussée où se trouvait le café, il aperçut une troupe de jeunes gens affublés de masques en carton. Un de ces masques le séduisit par son peinturlurage criard, autant que par ses vastes dimensions ; il demanda qu'on le lui prêtât un instant, ce qui fut accordé sans peine. Il fit donc son entrée dans la salle du banquet avec une énorme tête de carton au grotesque sourire. Certains jeunes littérateurs d'allure grave furent légèrement estomaqués, scandalisés même de voir le grand poète ainsi déguisé. Mais lui ne fit que rire de leur froideur et de leurs mines compassées.

Une autre fois, Verlaine et Cazals sortaient de chez l'éditeur Vanier. Cazals fit remarquer au poète qu'il y avait un peu de poussière sur sa manche, et qu'il ferait bien de se brosser :

— Moi, me brosser? Jamais de la vie ! Est-ce que par hasard tu me prends pour mon domestique?

Avec cette belle humeur qui lui était naturelle, Verlaine prenait grand plaisir à flâner par les rues, à muser le long des boutiques du boulevard Saint-Michel, et à s'arrêter aux étalages des bouquinistes du quai. Il feuilletait avec délices les cartons remplis d'estampes à bon marché, et, comme il disait: « d'eaux-fortes qui ne sont pas très fortes, et de tailles-douces qui ne sont pas très douces. »

Parfois, mais rarement, il allait s'asseoir dans le jardin du Luxembourg; alors une heure ne s'écoulait pas que le banc qu'il avait choisi ne devînt le centre d'un groupe où l'on discutait avec animation. Mais quand le groupe dégénérait en cohue, le poète se dérobait subtilement à cette popularité bruyante. Il gagnait quelque terrasse voisine, d'où il pût, tranquillement, assister au défilé des passants, ce qui était un de ses plus vifs plaisirs. Il s'amusait à deviner, au seul aspect des gens, quelle était leur profession, ou même ce qu'ils avaient fait dans la journée, et il construisait à l'aide de ses observations des histoires compliquées comme des romans :

— Tenez par exemple, disait-il, vous voyez cette belle dame qui tient un petit paquet sous son bras, et qui marche d'un pas si pressé? Eh bien ! je sais d'où elle vient : de chez son amant... Le petit paquet renferme évidemment son corset. Elle croyait son mari absent pour plusieurs jours, mais, crac ! il est revenu ! Il sait tout grâce à une lettre anonyme : c'est un homme inexorable et brutal... Le châtiment sera terrible !

« Mon Dieu ! quel drame épouvantable va donc se passer tout à l'heure !»

Et il concluait philosophiquement :

— Demain, je lirai les faits divers.

Très badaud de sa nature, le poète s'arrêtait volontiers devant les camelots, vendeurs en plein vent de cirages perfectionnés, de jouets ou de pâtes dentifrices. Il ne perdait pas un mot de leurs boniments auxquels il trouvait un charme spécial.

La rue était pour lui pleine de petits drames et de minuscules tragédies qui se renouvelaient sans cesse.

D'ailleurs il était superstitieux à sa manière. Suivant une croyance populaire qui remonte à l'époque de Louis XIII, il prétendait que pour qu'une journée soit heureuse, il faut, en sortant de sa maison, rencontrer un cheval blanc, une voiture de foin, et une fille de mauvaise vie :

— Le cheval blanc et la voiture de foin sont les plus difficiles à trouver, disait-il en plaisantant; mais pour les dames de mauvaise vie, c'est une autre affaire !

Le poète avait encore une autre superstition, mais celle-là lui était propre : si en sortant le matin il rencontrait un bossu, c'est que la journée serait bonne; un deuxième bossu annonçait une journée très bonne, et un troisième, une journée excellente· Au contraire la rencontre d'un boiteux était de fâcheux augure, et deux boiteux présageaient à coup sûr une catastrophe; mais, s'il s'en présentait un troisième, le mauvais sort était conjuré jusqu'à nouvel ordre. Un bossu et un boiteux rencontrés ensemble faisaient coup nul. Cela finissait par devenir une sorte de jeu très compliqué.

Quand Verlaine n'avait rencontré que deux boi-

DESSIN DE PAUL VERLAINE

teux, il avait coutume d'user d'un stratagème pour détourner la guigne : se campant devant la glace d'une devanture, il se comptait lui-même comme troisième boiteux ! Il jugeait ainsi que tout péril était écarté.

Le poète, on le pense bien, n'ajoutait pas une foi excessive à ces baroques présages; mais, détail amusant, il arriva souvent que de graves personnages auxquels il en avait parlé et qui s'étaient moqués de lui, se trouvaient en quelque sorte suggestionnés. Le lendemain ou les jours suivants, ils se surprenaient eux-mêmes, en dépit des plus sérieuses préoccupations, à se livrer à des calculs cabalistiques sur le nombre des boiteux et des bossus qu'ils avaient rencontrés chemin faisant.

On le voit d'après ces anecdotes, Paul Verlaine fut loin d'être le personnage sinistre, presque macabre que quelques-uns ont voulu voir en lui. Il resta jusqu'aux derniers jours de sa vie d'une gaîté et d'une candeur enfantines.

CHAPITRE VIII

PERVERSITÉ ET MYSTICISME

Nul autre que Paul Verlaine, avec ses fougueux
appétits et son tendre mysticisme, ne symbolisa
mieux, dans son œuvre et dans sa vie, la double lutte
des sens et de l'esprit, l'éternel combat de la Chair
et de l'Intellect. Il se montra tour à tour, et parfois
simultanément, le plus contrit et le plus éperdu des
mystiques, le plus effrayant des sataniques.

Il a lui-même raconté en maints de ses
ouvrages, combien il fut victime de ce démon de la
perversité qui le poussait à faire tout ce qui était
contre son intérêt et contre sa conscience, parfois
même contre son plaisir. Ses plus beaux poèmes ne
sont que l'évocation douloureuse de ses luttes contre
ses mauvais instincts. C'est aux égarements, c'est
aux vices même de l'homme que nous devons les
chefs-d'œuvre du poète.

Beaucoup ne demeurent médiocres, et par conséquent sages et réguliers, que parce que la sensibilité suraiguë qui est un des dons du poète-né leur fait défaut. On ne peut juger Paul Verlaine comme on ferait d'un rentier économe, d'un fonctionnaire méthodique, dont les contemporains n'attendent rien qu'un maigre labeur et de la docilité aux lois.

C'est donc dans cette sensibilité exquise, exaspérée, qu'il faut chercher les causes de la perversité du poète. Verlaine avait une imagination insatiable. Son besoin de jouissances, son appétit de vivre étaient tels que les trésors d'un empereur et l'amour de toutes les femmes n'eussent peut-être pas suffi à calmer cette dévorante fringale. Qu'on se représente donc les rancœurs et les souffrances d'un Verlaine, confiné sans argent et sans espoir dans une chambre d'hôtel garni, écrasé sous la meule d'une société brutalement matérialiste, alors qu'il était parfaitement conscient de la puissance de son génie, de la légitimité même de ses immenses désirs. Dans quel instant de découragement sans bornes devait-il se trouver, quand il écrivit ces vers de détresse aveulie et désemparée :

> J'ai perdu ma vie et je sais bien
> Que tout blâme sur moi s'en va fondre.
> A cela je ne puis que répondre
> Que je suis vraiment né Saturnien...

C'est dans ces jours de désespérance que le poète, ballotté comme une épave par le flot du mauvais sort, s'abandonnait aux pires faiblesses. Mais ce serait une erreur grossière que de se l'imaginer comme un « vampire » du commun, comme un habitué des « messes noires », ou de telles autres orgies prétentieuses, à la mode chez certains snobs de la débauche.

Verlaine aimait beaucoup Joris-Karl Huysmans, un des premiers qui aient mis le « satanisme » en faveur, et il admirait en lui le mystique et aussi l'étonnant descriptif qui a su transporter dans son style quelques-uns des plus éloquents procédés de la peinture. Jamais le moindre nuage n'obscurcit l'amitié que le poète et le romancier avaient l'un pour l'autre.

Ceci dit, il faut avouer que Verlaine, avec son bon sens et son goût précieux et sûr, avait bien vite découvert le côté un peu ridicule et parfois franchement comique de certaines des diableries de *Là-bas* et d'*En route*.

Rien ne l'égayait plus que la description de ce repas où, dans une salle aux funèbres tentures, en vue d'un jardin aux allées sablées de charbon, la table est dressée en face d'un bassin rempli d'encre noire. Tout est noir, d'ailleurs, dans ce festin ; on n'y mange que des mets de couleurs sombre, comme le civet de lièvre et les olives de Turquie ! On n'y déguste que du stout et du cassis ; le service même y est fait par des négresses, portant pour tout costume des bas noirs semés de larmes d'argent !

L'invention de l' « orgue de bouche » causait aussi une joie énorme à Verlaine. Il se représentait avec un plaisir enfantin ce des Esseintes, dans lequel on a voulu voir — un peu caricaturalement portraituré — M. le comte Robert de Montesquiou-Fézensac, tournant gravement les robinets de ses petits tonneaux de cèdre, et sirotant goutte à goutte des alcools variés, pour essayer de se transposer dans l'arrière-gosier une symphonie de Bach ou une marche de Wagner.

Mais le personnage de Huysmans qui charmait encore le plus notre poète était ce chanoine Docre, qui nourrit ses poissons rouges avec des hosties consacrées, et qui s'est fait tatouer une croix sous la plante des pieds, afin de pouvoir piétiner plus commodément le signe sacré, en tous lieux et à toute heure du jour ou de la nuit.

Verlaine disait quelquefois avec une grimace de croquemitaine :

— C'est moi le chanoine Docre... le cardinal du Diable !

Le personnage, qui avait commencé par l'effrayer un peu, finissait par le faire sourire.

Quant à la description de la messe noire que l'on trouve dans *Là-Bas*, le poète la jugeait, par endroits, franchement vaudevillesque. Les cierges noirs, les chasubles ornées de têtes de bouc, la femme nue sur l'autel, le christ obscène, les encensoirs fétides, toute cette mise en scène prétentieusement romantique lui semblait moins effrayante que ridicule; les vieux enfants de chœur pédérastes qui, tout en récitant les versets et les répons, se livrent à mille gambades indécentes, lui faisaient hausser les épaules. Souvent, on demanda au Pauvre Lélian s'il avait jamais assisté à une messe noire Cette question avait le don de l'irriter.

— Me croyez-vous donc, répondait-il avec véhémence, assez badaud ou assez malade pour me livrer à ces mômeries aussi infâmes, aussi répugnantes en elles-mêmes que véritablement offensantes pour la foi catholique que j'ai toujours professée sincèrement, malgré toutes mes faiblesses et toutes mes erreurs?... Les gens qui fréquentent ces sortes de sabbats sont ou des maniaques que guette la folie, le coup de marteau irrémédiable, ou de purs imbéciles et, comme dirait Huysmans, d' « authentiques poires ».

Et le poète, devenu grave, concluait avec un soupir :

— Il faut vraiment avoir une âme bien vide, une mentalité bien ridicule et bien plate, pour se livrer à ces laborieuses singeries dans le simple but de commettre un péché mortel.

D'après Verlaine, ce n'est pas dans des réunions de badauds, de névrosés et de gens du monde aveulis et ennuyés qu'il faut chercher les manifestations les plus terribles de la native perversité de l'homme·

— Les messes noires, disait-il encore, seraient immondes si elles n'étaient stupides ! C'est de la folie, du snobisme, du maquerellage et non du satanisme. Le satanisme, le vrai, c'est quelque chose de plus délicat, de moins artificiel et de plus grandiose.

Il y eut toujours dans le tempérament de Verlaine quelque chose d'excessif qui le sauva du vice assagi et banal, écœurant et calculateur.

S'il buvait, c'était avec une sorte de rage, « comme s'il avait eu quelque chose à tuer en lui », comme s'il eût voulu anéantir une fois pour toutes ce terrible vautour de l'Idéal qui lui griffait le cœur. C'est alors que, pour ce don Quichotte, toute Maritorne se changeait en une Dulcinée de Toboso. Ne possédait-il pas, au suprême degré, cette magique puissance de l'imagination qui transformait à ses yeux hallucinés les gouges en infantes? Comme l'homme qui a perdu son auréole dont parle Baudelaire, il prenait une volupté triste à se vautrer dans l'orgie.

Une fois, à Juniville, dans un de ces accès de désespérance; il dépensa sept mille francs la même semaine — mille francs par jour — et cela dans une maussade ville de province qui n'a que de lointains rapports avec Sybaris ou Corinthe. Cette orgie, commencée dans une heure de découragement et d'ennui, il la continua sans but arrêté et même sans plaisir, pour l'unique raison peut-être qu'il eût fallu qu'il s'en abstînt. Ce fut là une de ces redoutables crises, si nombreuses dans sa vie, et contre lesquelles il se trouvait absolument désarmé.

Au cours de ces accès de dévergondage moral et de débauche frénétique; Verlaine célébrait les joies de la chair avec un lyrisme furieux. C'est sous cette influence qu'il écrivit *Parallèlement*, et aussi ces livres érotiques *D'Aucunes* et *Hombres*, publiés et vendus depuis sous les titres : *Femmes* et *Hommes*. C'est à la prison de Mons que le poète conçut le projet d'écrire ces trois livres. Ils devaient être réunis sous un titre commun qui eût été *Cellulairement*. Ce fut à l'hôpital Broussais, où le poète était en traitement, en 1890, qu'il composa ces vers luxurieux qui peuvent prendre place dans l'enfer des bibliothèques, à côté et bien au-dessus des sonnets de l'Arétin, des contes de Mirabeau et de la *Philosophie dans le boudoir* du marquis de Sade.

Le manuscrit de *D'Aucunes* avait été acheté par un éditeur de Bruxelles; mais Verlaine, malade, incapable de quitter Paris, chargea un de ses amis : X..., d'aller en surveiller la publication. La justice belge, mal indulgente, fut offusquée de la licence de ces poèmes. Sauf quelques rares exemplaires échappés au désastre, l'édition fut saisie, confisquée et mise au pilon. X... fut reconduit sans cérémonie à la frontière française.

Le livre de *D'Aucunes* n'étant connu que des lettrés, assez riches pour en acquérir les coûteuses éditions clandestines faites depuis, nous ne jugeons pas inutile d'en parler avec quelque détail. En dépit de la grossièreté voulue de certaines pièces et de l'imperfection de quelques autres, *D'Aucunes* demeure un chef-d'œuvre de haut lyrisme et de sensibilité poignante. Il n'y a certes rien de vil et d'ordurier dans cet hymne pantelant et farouche à la Luxure souveraine. Shelley, que Verlaine aimait entre tous les poètes anglais, a dit : « Ce qui nous manque, c'est la faculté créatrice pour imaginer ce que nous connaissons; c'est l'impulsion généreuse à réaliser ce que nous imaginons; ce qui nous manque, c'est la Poésie de la Vie. »

Cette poésie de la vie, Verlaine la possède au suprême degré. Son vers a des vibrances bondissantes, des sérénités mélancoliques qui ennoblissent ou vivifient les particularités les plus obscènes ou les plus triviales de l'étreinte amoureuse. Du détail même des caresses, ardentes ou languides, il a su faire jaillir une poésie souvent altière et désolée.

Un fait important à noter, c'est pour ainsi dire la santé de l'érotisme chez Verlaine. Sa poésie n'offre nulles traces de perversion morbide. Les maniaques de la flagellation, les fervents du masochisme, les fétichistes et les détraqués de toute sorte ne trouveraient point leur compte à la lecture de ces beaux vers. Tout en célébrant les joies de la Luxure, Verlaine a trouvé le moyen de rester un très noble et très humain poète de l'amour.

D'Aucunes est un hymne ardent de la chair, mais de la chair heureuse et vigoureuse, robuste et triomphante. Certaines aberrations de la joie sensuelle y gardent un caractère de puissance et de virilité, d'allégresse même, tout à fait incompatible avec les névroses courantes.

Certes, c'est la Luxure que chante le poète, mais

c'est la Luxure éperdue et lyrique, magnifique et magnifiée, célébrant à cœur perdu la joie des sens, les baisers épanouis comme des fleurs heureuses dans le râle des étreintes ou dans les jeux de la volupté intimes comme des mystères. Cette poésie, qui exprime toute la vie sensitive, à fleur d'épiderme, sans l'inquiétude de la pensée, reste toujours pure et devient presque chaste de par la douloureuse mélancolie qui s'en exhale.

Derrière les rimes obscènes ou gouailleuses qui parfois sonnent bruyamment comme les crotales des bacchantes, ou qui semblent ricaner aigrement comme la flûte des faunes, il y a une infinie tristesse et, suivant l'expression même du poète, « un goût d'humanité qui ne va pas sans honte », une profonde pitié pour les faiblesses de l'homme à la chair si fragile, à la vigueur si débile.

Verlaine avait écrit déjà :

> La tristesse, la langueur du corps humain
> M'attendrissent, me fléchissent, m'apitoyent...

Et il est peu de ses œuvres où cette infinie compassion et cette pitié sacrée ne se trahissent en quelque endroit.

Verlaine est toujours indulgent. Il juge de très haut les vices et les faiblesses de la pauvre humanité, et c'est avec une bonté qui pardonne toujours. N'avait-il pas, dans *Sagesse* fait le rêve d'une réconciliation finale des péchés et des vertus :

> Il va falloir qu'enfin se rejoignent les
> Sept Péchés aux Trois Vertus Théologales.

D'ailleurs, comme l'ont fait remarquer Charles Morice et Edmond Lepelletier, personne ne fut moins apprêté, moins livresque, moins homme de lettres que Verlaine; il écrivit toujours d'inspiration, sous le coup d'une émotion réelle, joie ou douleur. Par là même s'expliquent les contradictions apparentes de son œuvre, bien plus vraie, bien plus *une* que si elle offrait l'unité artificielle et péniblement obtenue aux dépens de la sincérité et de l'émotion qu'on rencontre chez tels poètes, Leconte de Lisle, par exemple.

D'Aucunes est, entre tous, un livre vrai; Verlaine y a chanté sa maîtresse en titre, Esther, et des amies de passage comme Rita, Suzanne et Lily.

Le volume contenait primitivement quatorze pièces auxquelles le poète en ajouta quatre à la demande de l'éditeur.

Voici, dans l'ordre primitivement établi par Verlaine, le titre et le début de chacun de ces poèmes :

I. — Ouverture.
Je veux m'abstraire...

XIII. — Idylle high-life.
> *La Galopine*

XIV. — Morale en raccourci.
> *Une tête de blonde et de grasse pâmée*

Nous reproduisons ici, à peu près intégralement,
deux pièces de **Femmes** qui sont inconnues du
grand public :

OUVERTURE

... Vos pieds sont merveilleux qui ne vont qu'à l'amant.
Ne reviennent qu'avec l'amant, n'ont de répit
Qu'au lit, pendant l'amour, puis flattent gentiment
Ceux de l'amant qui, las et souffrant, se tapit.

Pressés, fleurés, baisés, léchés depuis les plantes,
Jusqu'aux orteils sucés les uns après les autres,
Jusqu'aux chevilles, jusqu'au lacis de veines lentes,
Pieds plus beaux que des pieds de héros et d'apôtres.

. . . .
Et vos seins, double mont d'orgueil et de luxure,
Entre quels mon orgueil viril, parfois se guinde
Pour s'y gonfler à l'aise et s'y frotter la hure
Tel un sanglier ès vaux du Parnasse et du Pinde.

Vos bras, j'adore aussi vos bras si beaux, si blancs,
Tendres et durs, dodus, nerveux quand faut et beaux
Et blancs comme vos culs et presque aussi troublants,
Chauds dans l'amour, après frais comme des tombeaux.

Et vos mains au bout de ces bras, que je les gobe.
La paresse et la caresse les ont bénies

. . . .

BILLET A LILY

Ma petite compatriote,
M'est avis que veniez ce soir
Frapper à ma porte et me voir.
O la scandaleuse ribote
De gros baisers et de petits
Conforme à mes gros appétits!
Mais les vôtres sont-ils si mièvres?
Primo, je baiserai vos lèvres,
Toutes, c'est mon cher entremet,
Et les manières que j'y met.
Comme en tant de choses vécues,
Sont friandes et convaincues!
Vous passerez vos doigts jolis
Dans ma flasve barbe d'apôtre,
Et je caresserai la vôtre.
Et sur votre gorge de lys,
Où mes ardeurs mettront des roses,
Je poserai ma bouche en feu.
Mes bras se piqueront au jeu,
Pâmés autour des bonnes choses
De dessous la taille et plus bas.
Puis mes mains non sans fols combats
Avec vos mains mal courroucées
Flatteront de tendres fessées
Ce beau derrière qu'éteindra
Tout l'effort qui lors bandera
Ma dignité vers votre centre.
A mon tour je frappe. O dis : Entre!

Dans une réédition récente de ce livre, la première pièce « Ouverture » n'est pas numérotée. « Filles » porte les numéros VI et VII. Les quatre pièces nouvelles sont :

REDDITION (XIII.)   GAMINERIES (XV).
RÉGALS (XIV).   HOMMAGE DÛ (XVI).

Le livre se termine également par la « Morale en raccourci » qui devient la pièce XVII.

Nous ne citerons aucun extrait de *Hombres*, qui contient quinze pièces. Verlaine lui-même trouvait ce volume très inférieur au précédent. Après l'avoir terminé pour complaire à un éditeur, il en d fendit la publication et détruisit le manuscrit qu'il possédait. C'est sur une copie appartenant, croit-on, à l'éditeur Vanier que fut faite l'édition actuelle qui d'ailleurs fourmille de fautes, d'inexactitudes et de vers estropiés. *Hombres*, où le poète célèbre la beauté des adolescents, devait avec certains vers de *Parallèlement* dédiés aux lesbiennes (*Les amies*) et ceux de *D'Aucunes* consacrés à l'amour féminin, former une sorte de tryptique de la Volupté.

Contrairement à l'habitude du poète, qui vivait tout ce qu'il écrivait, *Hombres*, répétons-le, est surtout un exercice littéraire, une commande d'éditeur, dont le poète fut toujours mécontent. Certaines pièces remontent à l'année terrible; elles furent composées par défi ou par jeu d'esprit, à l'époque des pastiches où Verlaine, on le sait, excellait.

Hombres, quoique inférieur à *D'Aucunes* est cependant fort au-dessus des œuvres de ceux qui, depuis l'Arétin, se sont exercés dans cet art abhorré des moralistes.

Paul Verlaine avouait d'ailleurs que « les poèmes érotiques s'écrivent toujours avec une certaine conviction et avec plus de plaisir que les autres ». Dans ses jours de paganisme, il affirmait de bonne foi — et Joséphin Péladan et Pierre Louÿs ont vulgarisé, après lui, cette opinion — que les voluptés de la Luxure, les subtilités de l'Amour sont une science — ou un art — presque perdus depuis l'antiquité. L'Orient seul en a gardé quelques traditions conservées par les Byzantins, qui les tenaient eux-mêmes des Grecs.

Verlaine ajoutait que l'ignorance du physiologiste et la bêtise des courtisanes professionnelles nous maintiennent à cet égard dans **un état de** médiocrité déplorable ; la luxure, selon lui, occupera plus tard un rang honorable entre **la danse et** la musique, aux côtés de la poésie et de la peinture.

Malheureusement, peut-être, Verlaine fut trop souvent l'homme de *D'Aucunes*. Il aima passionnément l'amour, et en connut les plus fiévreuses et les plus poignantes voluptés, mais il en subit aussi toutes les nauséeuses rancœurs, toutes les amertumes, et toutes les fangeuses tristesses. Il sortait de ces crises brisé de corps et d'âme, honteux, humilié, anéanti, mais sincèrement repentant. Il se jurait à lui-même de ne plus retomber dans « les cloaques du vice », de s'arracher pour toujours aux griffes impures des satans qui torturaient son cœur « trop tendre à la tentation », et il s'abandonnait alors à tous les élans d'une mystique ferveur.

C'est à ces conversions alternant avec des rechutes successives que l'on doit *Sagesse*, *Amour*, les *Liturgies intimes*; et ce fut avec la même sincérité et la même conviction que le poète écrivit les vers érotiques et les poésies religieuses.

Il a paré du coloris le plus magnifique, de l'éloquence la plus ardente, et en même temps la plus naïve, les abstraites sublimités de la foi. On a comparé son œuvre à l'une de ces folles et grandioses cathédrales du « Moyen âge énorme et délicat » où le poète aurait tant voulu vivre. Au dehors, grimacent et se tordent les gargouilles aux faces bestiales et démoniaques, les animaux damnés et les vampires de pierre, tandis qu'à l'intérieur du sanctuaire la lampe veille fidèlement en face du tabernacle que surmonte l'effigie de la Vierge immaculée, pendant que les voix argentines des enfants mon-

tent vers la coupole avec les fumées d'azur de
l'encens mystique.

Il y a là une image exacte du poète « au cœur
enfantin et subtil » dont l'âme demeura vierge et
croyante en dépit de toutes les défaillances charnelles.

Verlaine est et restera le grand poète catholique.
Tous les critiques sont unanimes à cet égard, depuis
les indifférents en matière de religion jusqu'aux
croyants eux-mêmes et aux théologiens, jusqu'à
Huysmans, jusqu'au grave Père Pacheu qui, dans
son livre : *De Dante à Verlaine* rend au poète un
magnifique hommage.

Dans cette unanimité de l'éloge, il n'y a qu'une
seule note discordante, et elle part d'un catholique,
M. René Doumic, qui, jugeant sévèrement la vie du
poète, ne veut voir dans son œuvre qu' « un cas de
sensualité triste ».

Il est à remarquer d'ailleurs, comme Huysmans
l'a souligné dans sa belle Préface des *Poésies religieuses*, que ce sont les catholiques qui ont peut-
être le moins goûté les vers du grand poète mystique (1). Leur esprit étroit et mesquin n'a pas

______

(1) «... Bien des découragements m'ont tenté dans le déjà long
pèlerinage de ma vie littéraire; entre toutes amertumes, l'indifférence bourrue, l'injustice même et, par instants aussi, la triste mauvaise foi de toute une partie de la presse, dite et malheureusement

voulu comprendre que Verlaine, dans son existence bohème, avait été moins coupable qu'héroïque. Ils ne se sont pas rendu compte de l'absolue loyauté du poète, de sa foi ardente, de sa contrition profonde après la chute. « Verlaine — a dit M. Adrien Mithouard — est sincère et jusque presqu'au cynisme. Qui ne le sait? Nous eûmes pourtant à défendre sa mémoire, l'autre année, dans la presse catholique hélas! où la publication de *Parallèlement* avait fait douter de la probité parallèle d'une œuvre telle que *Sagesse*. Qui ne voit qu'un converti suspect se fût soigneusement gardé de tant de maladresse? La naïveté éclate,

crue en bon lieu, trop fréquemment religieuse, m'ont souvent stupéfait, m'auraient presque comme paralysé en quelque sorte ; nulle compétence, d'ailleurs — et dame ! c'est une consolation, cela — pas plus que de charité, dans ces esprits de sacristie, manieurs d'éteignoirs, non les christophores qu'il leur faudrait être et que vous voulez être, ô mes jeunes amis, de qui Raphaël Dolney [pseudonyme d'Emmanuel Signoret] rendait si éloquemment la pensée ces jours derniers. Mais j'ai lutté, j'ai persévéré — et ma joie n'est pas mince de devoir précisément le bon renom dont on veut bien me gratifier — à mes travaux chrétiens et, je le proclame, *catholiques*, dogmatiquement, et philosophiquement catholiques. Toute une jeunesse plutôt rebelle à l'enseignement de l'Eglise, a naguère accueilli mes livres *Sagesse, Amour, Bonheur*, avec une faveur qui m'a particulièrement touché. Voici qu'à ses côtés s'élève, fraternelle, la jeunesse croyante, pour consoler, de concert avec elle, le poète grisonnant, que la vie a tant éprouvé sans le lasser et les passions tant secoué, sans l'ébranler, ni l'effeuiller dans sa Foi reconquise au meilleur prix, celui du malheur... » (Lettre de Paul Verlaine à E. Signoret. *Le Saint-Graal*, n° 1, 25 janvier 1892.)

et la bonne foi, garante de la foi... En vérité, on l'eût trouvé sincère, s'il l'eût été moins (1). »

Les lecteurs catholiques, tout en admirant Verlaine, se méfièrent toujours de sa sincérité, s'obstinèrent souvent à ne voir en lui que le côté pervers et satanique. En y réfléchissant, cette perversité ne serait qu'une preuve de plus de la sincérité des convictions catholiques du poète puisque, pour être satanique, il faut d'abord croire en Dieu, et que pour être saint, il faut avoir été tenté.

C'est une constatation déjà faite qu'en ce siècle l'Église s'est montrée ingrate envers ses meilleurs défenseurs. Rappelons seulement qu'elle a tenu en suspicion Louis Veuillot, Ernest Hello, J. Barbey d'Aurevilly et que, tout récemment, elle a lancé ses foudres contre Joséphin Péladan et Marc Sangnier. Cette ingratitude est d'autant plus injuste, d'autant plus maladroite même de la part de l'Église, qu'elle ne retrouvera pas de sitôt sans doute un poète de l'envergure et de la puissance de Paul Verlaine (2).

(1) PAUL VERLAINE ou le scrupule de la Beauté. Edition du « Spectateur catholique » M. DCCC.XCVII.

(2) Voici à ce sujet l'opinion de Remy de Gourmont.

— « La gloire de Verlaine a été peu insultée, sinon par ce sacristain qui a osé écrire dans le *Monde* que *Sagesse* ne fut qu'une œuvre de réclame par quoi le poète voulait (comme M. Zola y réussit au moyen du *Rêve*) s'ouvrir un public nouveau. Que les benjamins de Léo Taxil éructent de si turpides blasphèmes, serait-ce matière à

D'autres peuvent naître, mais leur lyre — dans
une époque de plus en plus utilitaire et féroce
— ne vibrera pas pour célébrer les extases de la foi
catholique avec autant de sublimité attendrie.
Durant tout le Moyen âge, l'Église n'a pas réussi
à rencontrer un artiste de cette hauteur, elle n'en
rencontrera sans doute jamais plus, car Verlaine a
su faire passer dans ses vers toute l'ardente véhémence qu'il mettait dans ses orgies et dans ses péni-
,tences.

On a souvent reproché à Verlaine cet étrange
mélange de perversité et de foi qui lui faisait parfois délaisser un poème religieux déjà commencé,
pour terminer des vers érotiques et inversement.
Dans *Poètes Maudits*, lui-même a pris la peine de
s'expliquer au sujet de cette dualité d'âme et
d'œuvre. Voici cette page souvent reproduite :

« L'unité de pensée — dit-il — mais elle y est !
Elle y est au titre humain, au titre catholique, ce

indignation? Ou bien serait-il digne de leur prouver qu'ils mentent?
Ici, non. Si, à l'heure actuelle, il y a parfois dans la poésie française
une odeur d'encens, c'est dans la navette de *Sagesse* que les grains
furent puisés. Navette et ciboire aussi, *C'est la fête du pain...* Mais
tant mieux s'ils nient Verlaine, ces imbéciles qui pourraient en réclamer la moitié, ainsi nous le garderons tout entier.

« REMY DE GOURMONT »,

Mercure de France, février 1896).

qui est la même chose à nos yeux. Je *crois* et je *pèche* par pensée comme par action; je crois et je me repens par pensée. Ou bien encore je crois et je suis bon chrétien en ce moment, je crois et je suis mauvais chrétien l'instant d'après. Le souvenir, l'espoir, l'invocation d'un péché me délectent avec ou sans remords, quelquefois sous la forme même d'un péché, et muni de toutes les conséquences du péché le plus souvent tant la chair et le sang sont forts, naturels et animals. Tel les souvenirs, espoirs, invocations du beau premier libre penseur. Cette délectation, moi, vous, lui écrivain, il nous plaît de la coucher sur le papier et de la publier plus ou moins bien ou mal exprimée; nous la consignons enfin dans la forme littéraire, oubliant toutes idées religieuses ou n'en perdant pas une de vue; nous condamnera-t-on comme poète! Cent fois non! — Que la conscience du catholique raisonne autrement ou non, la chose ne nous regarde en rien. — Maintenant, les vers catholiques du Pauvre Lélian couvrent-ils littérairement les autres vers ou ceux-ci, ceux-là et les deux groupes forment-ils un ensemble bien homogène? — Cent fois oui. — Le ton est le même dans les deux cas — style, habitudes, attitudes. — Grave et simple ici, fioriture là, languide, énervé,

rieur et tout, mais le même ton partout, comme
l'homme mystique et sensuel reste l'homme intellectuel toujours dans les manifestations diverses
d'une même pensée qui a ses hauts et ses bas » (1).

Quand on considère cette nature double, toujours
douloureuse et torturée, Paul Verlaine apparaît
comme un Christ de la Poésie, qui s'est sacrifié pour
nous offrir le meilleur et le pire de lui-même (2).

(1) On peut rapprocher de ce passage la note suivante, entièrement
écrite de la main de Verlaine, extraite d'un petit journal littéraire *La
Cravache* (n° du samedi 29 septembre 1888), dont le fondateur-
rédacteur en chef était Georges Lecomte :

« M. Paul Verlaine veut bien nous donner une pièce [*Laeti et
errabundi*], et non des moins importantes ! de son prochain volume de
vers *Parallèlement*. On sait que le Maître, depuis d'assez nombreux ans déjà, vit surtout de privations et du mysticisme le plus
sincère et le plus sévère. Ses œuvres précédentes : *Sagesse, Amour*
en témoignent suffisamment. *Parallèlement* est donc, en somme,
la recurrence, ou bien plutôt le rêve et surtout le cauchemar
d'une Chair qui condamne l'Esprit, d'une Chair qui a des sortes
d'Idées repoussées avec la plus grande énergie par l'Esprit,
l'Ame et le Cœur du poète, mais que celui-ci devait néanmoins faire
intervenir en la sombre personnelle Elégie dont il s'est fait, comme
l'a dit Baudelaire, un douloureux programme. Aussi bien, la courte
préface de *Parallèlement* que nous insérons en tête d'un poème
qui fait, ne l'oublions pas, partie d'« un ensemble en train »
explique bien mieux, sans son fier laconisme, les choses que tout
commentaire quelque intelligent qu'il puisse être. N. D. L. R. »

(2) Dans une conférence faite récemment à la mairie du VIᵉ,
Charles Morice, ami fidèle et pieux disciple du Maître, a dit excel-
lemment et justement : « Verlaine avait accepté dans toute son
épouvante l'état de chanteur et de rêveur; il ne pouvait être autrement que l'attitude même qu'on lui a reprochée et qui était parfaitement correcte. »

Il conserva longtemps une vieille gravure du XVIe siècle, par laquelle il se prétendait lui-même exactement symbolisé.

Elle représentait un homme au visage grave, debout au milieu d'une campagne déserte.

— Cet homme, expliquait-il, a des ailes au pied gauche; il volerait où ses désirs l'appellent, mais il en est empêché par le boulet rivé à son pied droit... Il voudrait parler, mais un verrou de fer réunit ses lèvres, et le réduit au silence... Son front et ses yeux reflètent la noblesse des vastes pensées; mais des cornes et des oreilles pointues lui infligent le stigmate de la bestialité... Loyalement, il offre son cœur dans sa main tendue, mais des oiseaux voraces se sont précipités dessus et le dévorent !...

Ne vous semble-t-il pas, comme à lui-même, que Verlaine est là tout entier, avec ses contradictions, ses inconséquences, ses faiblesses et son génie?

APPENDICE

I

Autour d'une tombe

Il nous eût répugné d'élever la voix au lendemain des obsèques de Paul Verlaine, et ce n'est pas sans avoir hésité que nous prenons aujourd'hui la parole. Peu de nos contemporains ont connu ce scrupule; et l'indécence de leur langage a confirmé hautement le droit au mésestime que se sont laborieusement conquis nos bavards quotidiens.

Que de menus faits autour de cette tombe :

M. Coppée, dans un discours revu en fiacre pendant la cérémonie, donna un touchant rendez-vous au poète qui « l'avait appelé à son lit de mort »; malheureusement, la légende du cri : « François, François... » n'est rien moins qu'authentique : elle est due, si j'en crois mes autorités au soin du spirituel éditeur Léon Vanier.

M. de Montesquiou, qu'on n'avait pas prié de parler au cimetière, s'est vanté dans le *Gaulois* d'avoir été le

Mécène du Pauvre Lélian ; plusieurs grandes mondaines millionnaires semblent en effet, si on ajoute foi au *Figaro*, avoir cultivé la misère de Verlaine : on a ses pauvres. Il est mort, grâce à leurs munificences, dans une misérable chambre, au haut d'une pauvre maison ouvrière derrière le Panthéon : il a dû regretter l'hôpital.

Laissons ; voici M. de Cassagnac, qui de l'hyperbole spirituelle de Rochefort s'est formé une langue non plus verte mais plus putréfiée ; il accuse Verlaine et M. de Régnier d'avoir « avili le parler de France ». N'est-il pas piquant de rappeler que celui sur la tombe duquel le pamphlétaire du plébiscite jette une pelletée d'ordures est précisément le seul poète qui ait écrit une ode sur la mort du prince Impérial ?

Des correspondants de province assument de nous informer que « Verlaine vivait grassement de ses gains littéraires ».

Le *Figaro*, à la nouvelle de cette mort, dégage franchement Verlaine de « l'école de la démence » : « ces adeptes n'ont rien à voir à sa gloire ». Le *Gaulois*, par contre, nous rend responsables (car c'est toujours de nous qu'il est question) de la misère même du poète : « car, argue-t-il, en persuadant au public que ses vers étaient obscurs, ils en empêchèrent la vente ».

Quant à M. Zola, il justifie enfin ses prétentions académiques de l'exemple ambitieux du Pauvre Lélian, « qui voulait faire ses quarante visites » ; il se plaint jalousement de la solitude où l'a abandonné la jeunesse, puis, après l'insulte obligatoire à Laforgue, « Je suis un solitaire, s'écrie-t-il, un solitaire. » J'ouvre mon

Larousse : *Solitaire : vieux sanglier.* Pour la première
fois de sa vie, peut-être, M. Zola a usé d'un euphémisme.

Mettons les choses au point.

Verlaine, quand nous le connûmes, j'en atteste l'élé-
mentaire histoire des lettres françaises pour l'an de
grâce 1886, vivait sous le chemin de fer de Vincennes,
dans une cour que l'ironie des choses avait baptisée
cour Saint-François; alors M. Coppée, qui lui prodigua
du génie sur sa tombe, ne lui en accordait guère dans les
journaux. Le poète semblait abandonné de tous ses
amis de jeunesse, de ceux-là même que nous entendîmes
pleurer au cimetière des Batignolles; le Parnasse était
tout à sa gloire égoïste, tout au péculat. Je me souviens,
toutefois, que Verlaine me parla avec sympathie de
M. Lepelletier dont le nom me fut ainsi révélé. Ma visite,
notre visite à Régnier et à moi, était un hommage naïf
de jeunes hommes; j'avais acheté l'avant-veille, au
rabais (0 fr. 75), sous l'Odéon, le dernier exemplaire des
Fêtes galantes; cet exemplaire, jauni par l'intempérie
des saisons, ne se laissa pas découvrir sans peine au
fond du tiroir Lemerre.

Il en fut ainsi pour quelques-uns, et, sous le règne
stagnant et oppressif du Parnasse opportuniste complice
de cette négation de Verlaine, nous grossissions nos voix
encore frêles, Moréas, Adam, Barrès, Charles Morice,
Tailhade, nos aînés, vingt autres peut-être pour accu-
ser l'injustice et glorifier le génie.

Ce ne fut pas inutile, et, l'autre jour, quand nous tra-
versions Paris, derrière le cortège unique dans son étran-
geté hétéroclite, qui accompagna Verlaine vers sa tombe,

il nous semblait voir marcher, la rage au cœur, l'épée dans les reins, devant la troupe anonyme des justiciers, toute la gloire officielle parée d'un deuil involontaire et peureux.

Mais la revanche fut bientôt prise d'une heure de décence forcée : Verlaine, crie-t-elle, blessée à la face du coup qui a fait sauter le masque, Verlaine est à nous; nous l'avons enterré sous les palmes, mais ce sera à vos frais.

Un anonyme, aussitôt, de la *Revue Bleue*, s'est levé : il ne parle plus de Verlaine déjà ! Mais il se rengorge de l'admiration que nous accordons volontiers aux sonnets de M. de Heredia : «Voyez, dit-il, ils abdiquent !» — Ce n'est pas d'hier pourtant que nous avons rendu justice au poète métallique des *Trophées*, à Dierx, à Stéphane Mallarmé, la dignité hautaine des lettres françaises, et nous admirons de même Hugo sans renoncer à notre autonomie. Avec quelle pauvre habileté pourtant ils s'efforcent à retourner leurs vieux arguments usés : tantôt, ce fut de ne pas « admirer les maîtres » qu'on nous tenait rancune arguant de là à notre médiocrité; aujourd'hui, l'admiration d'un bon poète de la génération aînée devient aussi bien pour leur mauvaise foi l'indice de notre défaillance intellectuelle.

Mais la mauvaise foi ne suffit pas à l'anonyme critique qui tient, s'il ne se nomme pas, à se caractériser tout au moins par la plus basse peut-être des insultes; elle s'adresse à un mort : Villiers de l'Isle-Adam; et que lui reproche-t-il, grands dieux? d'avoir manqué de pain. — Ah ! messieurs de la critique, qui vous prévalez par la bouche de M. Doumic d'urbanité et de courtoisie, soyez humbles désormais : vous avez formulé une bassesse d'âme insoupçonnable dans ce trait d'esprit : « Ils demandent le Panthéon pour Villiers de l'Isle-Adam qui de son vivant demandait... du pain. » Sommes-nous tombés si bas vraiment qu'une pareille plaisanterie soit française?

Notre domino conclut : « Et maintenant ils se désolent solitaires, ils se lamentent sur leurs compagnons, se lamentent sur eux-mêmes, se lamentent sur leur passé et sur leur futur. » — Non, Monsieur (je regrette que vous dissimuliez un nom à retenir), on est plutôt fier d'avoir concouru à une œuvre de justice et de réparation ; ces dix ans de lutte ne furent pas vains, puisqu'ils ont valu à un poète des obsèques que ne connurent pas les mânes de vos morts officiels et patentés. Quant à l'avenir, il nous appartient autant qu'il plaira à Dieu de nous conserver la haine vivace des ateliers de l'art et des blasphémateurs du génie.

On s'étonne à peine de voir les rédacteurs de revues caduques ravaler l'idée d'une œuvre à la mesure de leur âme versatile : j'ai lu dans une critique musicale le lamento naïf d'un spécialiste qui se plaignait qu'on lui jouât « encore » la Symphonie en ut; à son estimation, sans doute, les pages de Beethoven auraient dû rejoindre le *Gaulois* d'hier, là où ses feuilles se mêlent sympathiquement à celles du *Journal* de la veille et du *Figaro* du jour. On ne doit lire « qu'une fois » le *Satyre*, peut-être; le poème, pour eux, n'a d'intérêt que par « l'actualité ». — Pauvres gens ! Glorieux ou humble, le Poète œuvre le perpétuel : voyez donc, il vous a fallu vingt-cinq ans, et quelques coups d'étrivières, pour découvrir les *Fêtes Galantes*; contentez-vous d'en redire le bien qu'il vous faut en penser aujourd'hui, et laissez l'avenir à ceux qui le virent avant vous — ils en sont bons garants.

FRANCIS VIELÉ-GRIFFIN.

(*Mercure de France*, n° de février 1896.)

II

ACTE DE DÉCÈS DE PAUL VERLAINE

L'AN mil huit cent quatre-vingt-seize, le neuf janvier, à neuf heures du matin.

ACTE DE DÉCÈS de Paul Verlaine, homme de lettres, âgé de cinquante et un ans, né à Metz (Moselle), décédé en son domicile, rue Descartes, 39, le huit janvier courant à sept heures du soir; fils de Nicolas-Auguste Verlaine et de Élisa-Stéphanie-Julie-Josèphe Dehée, époux décédés. Divorcé de Mathilde-Sophie-Marie Mauté.

DRESSÉ par Nous, Célestin Gueret, Adjoint au Maire, Officier de l'état civil du cinquième arrondissement de Paris, sur la déclaration de Charles Daude, âgé de trente-cinq ans, et de Louis Lucet, âgé de vingt-six ans, employés place du Panthéon, 9, y demeurant, non parents, qui ont signé avec nous après lecture (suivent les signatures).

III. — NOTES DIVERSES

MAX NORDAU (page 36)

Ainsi que l'a relaté, en son temps, l'Intransigeant, à la déclaration de guerre, Max Nordau, oubliant les bienfaits dont il avait été comblé en France, se rendit en Espagne, où il collabora activement à la propagande germanophile. Il est mort il y a quelques mois.

PATERNE BERRICHON (page 194)

Paterne Berrichon, qui a touché à presque tous les arts, puisqu'il fut poète, peintre et sculpteur, est mort à la Rochefoucauld (Charente), pendant la nuit du 29 au 30 juillet 1922.

Paterne Berrichon — de son vrai nom Pierre Dufour — naquit à Issoudun (Indre) en 1855. Il vint à Paris en 1880, où il suivit les cours de l'École des Beaux-Arts, mais bientôt il abandonnait la peinture pour se mêler au mouvement littéraire naissant. Il publia de-ci de-là, dans des revues éphémères, des vers qui, à beaucoup, parurent bizarres. Il se lia avec Verlaine et fréquenta les réunions littéraires, les jeudis de chez Clarisse, rue Jacob, et les samedis du Soleil d'or, place Saint-Michel. En 1896 il publia chez Léon Vanier une première plaquette sous le titre : *Le Vin Maudit*, avec une préface en vers de Paul Verlaine.

Paterne Berrichon ne commença à sérieusement travailler qu'après son mariage avec la sœur d'Arthur Rimbaud, Isabelle Rimbaud. En 1910, il publie chez Vanier les *Poèmes décadents*, dont il nous annonçait, il y a encore édition. Mais, dès cette époque, la vie de Paterne Berrichon fut employée à faire connaître son beau-frère, « à le défendre contre la calomnie, à célébrer par le dessin, par la peinture, par la sculpture le poète qu'il n'avait jamais connu personnellement, mais dont les traits et la physionomie se retrouvaient en ceux d'Isabelle. »

Aux éditions du *Mercure de France*, Paterne Berrichon a publié *La Vie de Jean-Arthur Rimbaud* ; *Jean-Arthur Rimbaud, le Poète* ; *Lettres* de Jean-Arthur Rimbaud, avec une introduction et des notes. *Vers et proses* (d'Arthur Rimbaud), mis en ordre et annotés ; *Poèmes retrouvés*, avec préface de Paul Claudel. '

En peinture, Paterne Berrichon laisse deux œuvres particulièrement remarquables : le portrait d'Isabelle Rimbaud, au Musée du Luxembourg, et son portrait par 'ui-même, au Musée d'Issoudun. Il était l'auteur d'un buste d'Arthur Rimbaud, érigé à Charleville dans le square de la gare, et que, pendant l'invasion, les Allemands ont déboulonné, emporté, détruit... (1)

ERNEST DELAHAYE (page 131)

M. Ernest Delahaye a fait paraître en 1919, chez l'éditeur Messein, une excellente biographie de Verlaine, très abondante en documents sur la jeunesse et sur l'âge mûr du poète et très littérairement présentée. Cet ouvrage a été couronné par l'Académie Française.

FRANÇOIS COPPÉE (page 172)

François Coppée prenait chaque jour l'apéritif au Café des Vosges qui, depuis la mort du poète académicien, s'intitule pompeusement « Café des Vosges et de François Coppée ».

FÉLICIEN ROPS (page 217)

On va lire ci-dessous deux lettres, une de Verlaine et une de Rops. Elles sont extraites d'une plaquette Verlaine-Rops, éditée par F.-A. Cazals et Edmond Rocher et tirée à 33 exemplaires seulement (hors commerce).

---

(1) Extrait de l'article nécrologique publié par *Léon Roux* au *Mercure de France*.

(*Lettre*)   Paris, le 5 février 1888.
      Monsieur,
Je publierai sous peu, — dans quelques mois, m'assure Vanier, — un livre intitulé *Parallèlement*, d'une extrême et pour ainsi dire ingénue sensualité qui contraste avec le très sincère mysticisme catholique de *Sagesse* et d'un autre volume, *Amour*, qui va paraître. Le manuscrit est chez Vanier, 19, quai Saint-Michel, complet.

Je serais heureux d'avoir un frontispice par vous et je prends la liberté de vous le demander.

Veuillez, si vous devez répondre à cette lettre écrite en toute simplicité, le faire le plus tôt possible à l'adresse ci-après.

Votre admirateur,

PAUL VERLAINE

(*Télégramme*)   Paris, le 6 février 1888.
      Monsieur,
Je suis très flatté de votre demande. Vous êtes pour moi l'un des grands poètes de notre temps et je me trouverais honoré d'être, en si peu que ce soit, votre collaborateur.

Je vais passer aujourd'hui chez Vanier, afin de prendre connaissance du manuscrit.

Recevez, monsieur, l'expression de toute ma sympathie.

FÉLICIEN ROPS (1).

INAUGURATION DU MONUMENT AU LUXEMBOURG
ET PLAQUES RUE DESCARTES, A METZ ET A LONDRES

Depuis la publication de ce livre, le Monument du

(1) *Verlaine-Rops* correspondance à propos de « Parallèlement » Edition de l'Ecole Estienne, Paris MCMXVIII, réservée aux amis et admirateurs du poète. Cette édition contient neuf documents, cinq signés Verlaine, deux de Rops, un de Mallarmé et un de l'éditeur Vanier.

sculpteur Rodo a été inauguré au Luxembourg le 15 janvier 1911 et des plaques commémoratives ont été apposées sur la maison natale de Verlaine à Metz et sur celle où il mourut, rue Descartes à Paris. Tout récemment il en a été de même de la maison de Verlaine à Londres, celle où il écrivit les *Romances sans paroles*. Voici, d'après les journaux, le compte rendu de ces trois dernières cérémonies.

A PARIS

Le dimanche 29 juin 1919, à 10 h. 1 /2, la Société des « Amis de Verlaine » a procédé à l'inauguration et à la remise à la Ville de Paris d'une plaque commémorative apposée sur la maison où Paul Verlaine est mort, 39, rue Descartes.

Cette cérémonie était présidée par M. Paul Painlevé, Député de Paris, Membre de l'Institut, ancien Président du Conseil des Ministres.

M. Louis Rollin, Vice-Président du Conseil général, ancien Vice-Président du Conseil municipal, représentait le Conseil municipal.

Étaient présents : M. Autrand, Préfet de la Seine; M. Paul Fleurot, Vice-Président du Conseil municipal ; M. Georges Izambard, Président de la Société « Les Amis de Verlaine »; M. et Mme Georges Verlaine, MM. Fernand Gregh, Paul Fort, Paul Brulat, Ernest Raynaud, Sophus Claussen, Tchobanian, M. et Mme Gustave Kahn; M. Alfred Vallette, directeur du *Mercure de France* et Mme Rachilde ; M. et Mme Cazals ; M. Netter, Président de l'Association générale des Étudiants; M. Alexandre Mercereau ; M. Jean Bourguignon, conservateur de la Malmaison ; MM. Besson, André Fontainas.

Au coin de la rue Descartes et de la rue Clovis avait été installée une estrade. Après les discours de M. Painlevé et de M. Izambard, Président de la Société « Les Amis de Verlaine » M. Louis Rollin a pris la parole...

MM. Paul Fleurot, Gustave Kahn, Fernand Gregh,

Ernest Raynaud et Netter parlèrent ensuite. Des œuvres de Verlaine furent dites par Mme Moreno, de la
Comédie-Française et M. Maxime Léry. Un déjeuner
eut lieu ensuite, sous la présidence de M. Paul Painlevé,
à la Maison des Étudiants (1).

A METZ

L'un des premiers soins de la ville de Metz libérée du
joug allemand aura été de rendre hommage à la mémoire
de Paul Verlaine. On sait que l'auteur de *Sagesse* est né
dans cette ville le 30 mars 1844. C'est donc à cette date
anniversaire du 30 mars, que la Fédération Lorraine des
Lettres et des Arts, à l'instigation des Sociétés et groupes
messins, a posé une plaque commémorative sur la maison
natale du poète. Les Allemands s'y étaient refusés jusqu'ici. Ils se défiaient de la culture française. « Elle est,
disaient-ils, un poison pour nos vertus mâles ». Les
vertus mâles des Allemands, nous les connaissons. L'affaire Eulenbourg nous avait suffisamment édifiés à ce
sujet, mais nous ne soupçonnions pas leur conduite
féroce de la guerre, leur mépris des traités, de la foi jurée,
du droit des gens, et quels dangers leur rapacité félone
devait faire courir à la liberté du monde et à la civilisation. C'est un motif nouveau pour nous réjouir de la
revanche du goût français. Et, puisque tant de gens croient
à la nécessité de la guerre et à ses vertus régénératrices,
qu'elle nous serve au moins à faire un retour sur nous-
mêmes. Puissions-nous y prendre la résolution de traiter
désormais les poètes dignes de ce nom avec plus d'égards.

Un jour que je me plaignais de l'injustice de la société,
vis-à-vis de Verlaine qu'elle a laissé mourir de faim,
M. Maurice Barrès m'objecta, en faisant allusion à la vie
intime et déchirée du poète : Verlaine a-t-il rempli ses
devoirs vis-à-vis d'elle ?

(1) Supp^t au *Bulletin Municipal Officiel* du dimanche 27 juillet 1919.

— Oui certes puisqu'il a prêché la fraternité et qu'il nous a enseigné que la vertu essentielle d'ici-bas était la bonté.

— Soit, répondit Barrès, mais la bonté, c'est bien abstrait. Il y a des règles. S'en dispenser au nom de la Bonté, n'est-ce pas se dispenser de tout ?

C'est dans cette préoccupation que Proudhon disait qu'il faut que l'idéal se subordonne au droit et Barrès ajoutait : Comment Verlaine a-t-il senti la bonté ?

— Je lui répondis : par ses œuvres.

Je négligeai même de rappeler à M. Barrès le mot de Pascal : « La vraie morale se moque de la morale » : Si ce n'est pas la vie trouble et douloureuse de Verlaine qui nous enseigne, c'est son génie (ERNEST RAYNAUD).

A LONDRES

Une plaque commémorative a été posée, le lundi 30 octobre 1922 sur la maison que Verlaine habita lors de son premier séjour à Londres et où il écrivit une grande partie des *Romances sans paroles*, notamment *Aquarelles*.

Le comte de Saint-Aulaire, ambassadeur de France, qui présidait cette solennité rendit d'abord hommage au génie de Verlaine. puis M. Paul Valéry que le comité avait chargé de représenter les poètes français, parla ingénieusement du rôle qu'a joué l'Angleterre et le génie anglais dans la vie littéraire des trois héritiers spirituels de Baudelaire : Mallarmé, Verlaine, Arthur Rimbaud. Il rappela, entre autres faits de la vie de Verlaine à Londres, que c'est au consulat de France, à Londres que le poète, originaire de Metz, avait dû, en 1872, faire la déclaration d'option qu'imposait le traité de Francfort. M. Jean Aubry termina la série des discours en remerciant les assistants Anglais et Français et récita le poème : Voici des fruits, des fleurs... écrit dans la maison sur laquelle venait d'être apposée la plaque portant cette inscription:

The french poët
PAUL VERLAINE
Lived here and wrote here « Romances sans paroles »
1872-73

— NOTE —

Si Verlaine est mort à l'abri de la misère, la raison en
est, nous pouvons bien le dire aujourd'hui, à la généreuse
initiative que prit une grande dame à laquelle on doit
d'ailleurs bien d'autres initiatives généreuses.

Pourquoi ne pas la nommer ? C'est Mme la comtesse
Greffülhe. Mme la comtesse Greffülhe réunit, avec le con-
cours du *Figaro,* quinze personnes, amis du poète malheureux, qui se cotisèrent et envoyèrent chaque mois, par
l'entremise du *Figaro,* une pension permettant à l'auteur de *Sagesse* de ne pas se préoccuper outre mesure des
nécessités de la vie.

Ils nous pardonneront de révéler leurs noms puisque
leur tâche est terminée ; ce sont : Mme la comtesse Greffülhe, la duchesse de Rohan, la comtesse René de Béarn.
MM. Maurice Barrès, Henry Baüer, Paul Brulat, François Coppée, Léon Daudet, docteur L. Jullien, Jules
Lemaître, Octave Mirbeau, comte Robert de Montesquiou, Jean Richepin et Sully Prudhomme.

(*Le Figaro* — 10 janvier 1896).

TABLE

Poitiers. — Imp. Marc Texier.